LIVRE D'OR DU FOOTBALL 2016

Directeur : Jean-Louis Hocq
Responsable d'édition : Benoît Bontout
Assistants d'édition : Hugo Gadroy et Églantine Assez
Création graphique et couverture : Thierry Sestier
Réalisation : Graph'M
Fabrication : Emmanuelle Laine

ISBN : 978-2-263-14553-7
Code éditeur : S14553
Dépôt légal : août 2016

Imprimé en France par Loire Offset Titoulet

Retrouvez-nous sur www.solar.fr

Solar | un département **place des éditeurs**

place
des
éditeurs

FABRICE JOUHAUD
GÉRARD EJNÈS

PRÉFACE DE **GRÉGOIRE MARGOTTON**

LIVRE D'OR DU FOOTBALL 2016

SOLAR
EDITIONS

GRÉGOIRE MARGOTTON

Rouge, blanc et presque bleu...

Certaines saisons de football prennent leur temps avant d'enfanter de jolis fruits. Parfois, il ne se passe rien pour nos mémoires jusqu'au début du printemps. Là, il ne se passait rien : le PSG toisait la Ligue 1 de trop haut, les coupes d'Europe ronronnaient et les sélections entamaient leur train-train amical. Et puis, à l'automne, la vie, souvent tragique, nous avait fatalement éloignés du ballon.

Vers février, le rouge a surgi pour lacérer cette façade bien grise. Le rouge de l'Atlético, du Bayern, de Liverpool. Quelques matchs intenses face au Barça, à la Juve ou à Dortmund ont suffi à réveiller nos sens.

L'hiver terminé, on respirait. On pensait déjà à l'été. Un peu de blanc avec Paris, disparu à Manchester au plus mauvais moment, ce blanc du Real encore champion d'Europe.

Zizou sacré, restait avec Didier Deschamps à basculer vers l'autre face de la pièce porte-bonheur du foot français.

Nous étions plus de 20 millions pour le voir terrasser le champion du monde allemand. Espoir. Plus de 20 millions, encore, après la finale perdue. Espoir quand même ; ces 23 messieurs et leur staff nous ont offert beaucoup de petits bonheurs. Ils ont balayé les nuages et nous ont donné envie de les accompagner dans leurs prochains voyages.

Dans dix ans, c'est de Griezmann, Payet, Kanté, Evra ou Sissoko dont on se souviendra.

D'une année de football rouge, blanc... et presque bleu.

LIVE D'OR DU **FOOTBALL 2016**

SOMMAIRE

> EURO ET COPA AMERICA 2016

> COUPES ET CHAMPIONNAT DE FRANCE

> EUROPE COUPES ET CHAMPIONNATS

3

Euro et Copa America

2016

LA TOURMENTE ET L'ESPOIR

L'interminable et poisseux feuilleton de la « sextape », qui privera d'Euro Benzema et Valbuena, et les tragiques attentats du 13 novembre sont venus ternir la montée en puissance pourtant réussie des Bleus vers le grand événement attendu par tout un pays.

Tout est encore calme quand Nabil Fekir déclare avant l'entame au Portugal : « Je ne viens pas pour rester sur le banc. » L'attaquant lyonnais prend soin de moduler : « Je suis encore jeune et n'ai rien prouvé. »

Titulaire au côté de Benzema, Fekir est victime d'une rupture des ligaments croisés d'un genou au bout de cinq minutes. Sa saison est quasiment terminée. Son combat pour revenir à temps pour l'Euro sera vain. C'est parti pour les ennuis.

Ce soir-là, Valbuena fait le show. Entré à la 80e minute, le néo-Lyonnais inscrit le seul but du match d'un coup franc direct, le premier marqué par l'équipe de France depuis celui de Jérôme Rothen en 2007 aux îles Féroé. Le France-Serbie qui suit, à Bordeaux, est le grand soir de Blaise Matuidi auteur des deux buts bleus (2-1), dont une superbe et fracassante reprise de volée. Maladroit, Olivier Giroud a été sifflé.

QUAND BENZEMA SE PLAINT

L'enchaînement du mois suivant, un France-Arménie suivi d'un Danemark-France, marque, cinq ans après sa dernière sélection, le retour de Lassana Diarra relancé à l'OM. Benzema, qui n'est pas encore un pestiféré, apprécie peu qu'on lui reproche d'être moins efficace en sélection qu'en club : « Il faut qu'on me cherche, il faut qu'on me trouve. Avoir une occasion en 90 minutes, c'est dur. »

Contre l'Arménie, il marque deux buts en deux minutes (78e et 79e), les derniers d'une large victoire (4-0, deux autres buts de Griezmann et Cabaye), mettant fin à une disette personnelle de six matchs. Anthony Martial, le gamin qui vaut 80 millions, a effectué ses débuts en remplaçant Valbuena à l'heure de jeu. Quatre jours après, à Copenhague, six minutes suffisent aux Bleus pour plier l'affaire (2-1) sur un doublé de Giroud (4e et 6e). Pour sa seconde sélection, Martial est titulaire.

Le 4 novembre, veille de la révélation de la liste pour les matchs contre l'Allemagne et l'Angleterre, Benzema est en garde à vue avant d'être mis en examen. L'affaire de la « sextape » va faire d'énormes dégâts. Ni lui ni Valbuena ne sont retenus. Mais Hatem Ben Arfa, qui revit à Nice, et Kingsley Coman, qui éclate au Bayern, sont dans le groupe.

L'ÉMOUVANT HOMMAGE DE WEMBLEY

Au Stade de France, trois explosions frappent la France et son football d'élite en plein cœur. Paris est ravagé par les attentats meurtriers. Tout le monde se fiche des buts inscrits par Giroud

Avant-match émouvant entre l'Angleterre et la France.

(45e) et Gignac (86e) aux champions du monde en titre. Et personne ne se plaint de la défaite concédée quatre jours plus tard à Wembley (2-0) contre l'Angleterre. La minute de silence et *La Marseillaise*, reprise par 70 000 poitrines britanniques, sont les moments clés d'une étrange et douloureuse soirée d'hommage aux victimes.

Quelques jours plus tard, le président de la Fédération, Noël Le Graët, annonce la mise à l'écart provisoire de Benzema. Comme si tout ce tohu-bohu ne suffisait pas, c'est sans son président Michel Platini, suspendu par la commission d'éthique de la FIFA, que l'UEFA organise le tirage au sort de la phase finale qui offre à la France un groupe sur mesure avec la Roumanie, la Suisse et l'Albanie. Les ambitions commencent à s'afficher. « Si on ne va pas au bout, ce sera un échec », dit Antoine Griezmann, l'étoile montante des Bleus.

LA VOLTE-FACE DE DESCHAMPS

Trois mois plus tard, Deschamps lance dans *L'Équipe* un plaidoyer pro Benzema : « Il y a une présomption d'innocence. Karim a une image qui ne correspond pas du tout à ce qu'il est vraiment. Mon but est d'avoir la meilleure équipe. Je serai seul à choisir. » Grossière erreur. Nous sommes là dans une

Il faut qu'on me cherche, il faut qu'on me trouve. Avoir une occasion en 90 minutes, c'est dur.

KARIM BENZEMA

affaire d'État. Sous la pression politique et populaire, le sélectionneur fera machine arrière.

Mais son équipe, elle, va de l'avant. Avec ses prometteuses jeunes pousses de devant et au milieu, un néophyte nommé N'Golo Kanté en passe d'être sacré champion d'Angleterre, les Bleus s'imposent aux Pays-Bas (3-2, buts de Griezmann, Giroud et Matuidi) puis contre la Russie (4-2, buts de Kanté, Gignac, Payet et Coman) au bout d'une belle démonstration. « On ne va pas s'enflammer. La vérité, ce sera en juin », tempère Deschamps dans l'euphorie générale.

Le 13 avril, Benzema est définitivement mis hors jeu. Il est grand temps que DD communique sa liste. Il est grand temps que le football, et lui seul, reprenne ses droits.

DES SOUCIS EN ESCADRILLE

Entre le moment où Didier Deschamps a communiqué sa liste des 23 joueurs retenus pour disputer l'Euro et le coup d'envoi de celui-ci, de nombreux tracas d'ordre sportif et extrasportif ont perturbé la montée en puissance des Bleus.

À l'heure de connaître une liste des 23 privée à coup sûr du trop fameux tandem Benzema-Valbuena, le débat se concentre sur Ben Arfa, éblouissant durant la saison régulière. Si son nom est cité sur TF1 par Deschamps, c'est parmi les réservistes, ces huit faire-valoir appelés à disparaître avant l'heure.

Le sélectionneur a fait le choix de la continuité. Varane n'est plus titulaire au Real ? « J'ai une totale confiance en lui », assène-t-il. Devenu leader d'attaque, Griezmann clame sa confiance : « On a un groupe qui peut gagner l'Euro. » Après une saison agitée, Deschamps pense avoir enfin gagné le droit de préparer sereinement l'Euro. « Je ressens beaucoup de sérénité, de tranquillité, de plaisir », dit-il.

Il ne va pas en profiter longtemps. Rarement montée en puissance n'aura été autant perturbée. C'est chez lui, à Biarritz, où chaque jour 10 000 supporters suivent et acclament les Bleus au travail, qu'il prend une première tuile sur la tête. Varane se blesse à la cuisse lors d'un entraînement du Real. Adil Rami, qui vient de gagner la Ligue Europa avec Séville, est appelé comme réserviste. Il a égratigné le sélectionneur sur les ondes quelques jours plus tôt ? Celui-ci est pragmatique. Tellement, que lorsqu'il décide de se séparer de Varane, c'est pour installer Rami dans la liste des 23 et en faire un titulaire. Samuel Umtiti, le remplaçant naturel, devra attendre le forfait du Barcelonais Mathieu pour monter dans le train bleu à son tour.

LE PARI RAMI-KOSCIELNY

Mais cela n'est rien à côté de la tempête médiatique déclenchée par Éric Cantona qui n'a jamais porté Deschamps dans son cœur et l'accuse ouvertement de ne pas avoir retenu Benzema et Ben Arfa en raison de leurs origines. Un procès lamentable.

> « Si nous restons capables de marquer un but de plus, l'essentiel sera là. De toute façon on devra aller de l'avant.
>
> DIDIER DESCHAMPS

C'est le moment de trouver refuge sur le terrain, à Nantes, où les Bleus accueillent le Cameroun. « Les changements en défense sont embêtants, mais je ne suis pas inquiet », affirme Deschamps.

Il l'est forcément un peu plus à l'issue d'une rencontre où la paire Koscielny-Rami n'a pas vraiment flambé. Elle est coupable sur les deux buts camerounais – le tarif habituel. Diarra, sentinelle du milieu, n'a guère brillé lui non plus. Heureusement que devant ça pétille. Coman, Giroud et Payet s'en donnent à cœur joie. Le premier offre le premier but à Matuidi (20e), le second, que le public ne ménage pas, double la mise sur un centre en profondeur de Pogba (41e) et le troisième offre le succès (3-2) à l'équipe de France en transformant superbement un lointain coup franc (90e). Il était temps.

« Si nous restons capables de marquer un but de plus, l'essentiel sera là, déclare Deschamps. De toute façon on devra aller de l'avant. » Rami est honnête : « Ma prestation a été très moyenne. » Et Diarra est optimiste : « Je me sens très bien. »

En foi de quoi, en Autriche, où les Bleus peaufinent leur préparation, le Marseillais, tracassé par un genou, jette l'éponge une heure avant le dépôt de la liste officielle. Schneiderlin le remplace in extremis.

C'est le moment que choisit Benzema pour refaire stupidement parler de lui. Dans une interview au quotidien espagnol *Marca*, il reproche notamment à Deschamps « d'avoir cédé à une partie raciste de la France » en ne le retenant pas.

LA BELLE RÉPONSE DE GIROUD

Ce poison-là fait un mal fou. La résidence secondaire du sélectionneur en Bretagne est même taguée du mot « raciste ». À Metz, l'ultime match amical se dispute dans cette atmosphère poisseuse, dans un pays en partie paralysé par des grèves et victime de graves inondations.

Heureusement, contre de faibles Écossais, la première période est magnifique. Giroud répond à ses détracteurs en marquant deux fois, la première d'une superbe talonnade sur un centre de Sagna (8e), la seconde en taclant un ballon repoussé par le gardien Marshall (35e). Il est acclamé. Koscielny clôt le score de la tête (39e). Les Français auraient pu et dû alourdir l'addition en seconde mi-temps mais ils ont néanmoins rassuré.

La défense a tenu le choc. Deschamps a apprécié : « On sera prêts », lance le sélectionneur. Il est temps maintenant de passer aux choses sérieuses en espérant que ce groupe conquérant a l'intégralité de sa dose de poisse et d'ennuis derrière lui.

LES BLEUS AVANCENT MASQUÉS

L'équipe de France est sortie en tête d'un groupe taillé sur mesure. Mais elle a dû aller au bout d'elle-même et du temps de jeu, si bien qu'elle n'a pas levé tous les doutes. Heureusement, Dimitri Payet s'est montré éblouissant et N'Golo Kanté impressionnant.

Rien n'a été facile pour la bande à Didier Deschamps avant qu'elle ne se présente au pied de son Everest. C'est dans une ambiance délétère qu'elle est montée en puissance. Elle vient pourtant de boucler une saison à 9 victoires en 10 matchs, et l'unique défaite, en Angleterre, est survenue quatre jours après les terribles attentats du 13 novembre. Une seule autre équipe de France avait fait mieux statistiquement, celle conduite par le coach Michel Platini en 1989-1990 (7 victoires et 1 match nul).

Malgré les interrogations qui la poursuivent, cette France 2016, même privée pour des raisons diverses de quelques cadres (Varane, Benzema, Sakho, Valbuena, Debuchy, Diarra), possède tout de même de solides arguments, à commencer par l'avantage d'évoluer à domicile.

« On est fiers d'être là, explique le milieu de terrain Blaise Matuidi. Fiers de pouvoir représenter la France avec tout ce qu'elle a subi. On veut pouvoir servir d'exemple, donner du bonheur à tout le peuple français. » « Jouer un Euro en France, c'est exaltant, excitant et magnifique, ajoute le sélectionneur. Mais on sait que ça ne va pas être simple. » Par chance, la France a hérité d'une poule en or massif. Elle va affronter la Roumanie, l'Albanie et la Suisse.

Un peu bancale sur ses arrières, elle mise sur ses deux stars Paul Pogba et Antoine Griezmann. Mais le premier fait débat et le second sort d'une saison éreintante à l'Atlético Madrid. « N'en faites pas un leader », supplie Deschamps à propos du Madrilène. Et du Turinois, il affirme : « Pogba n'est pas là pour faire lever les foules chaque fois qu'il touche le ballon. L'équipe a parfois besoin qu'il soit neutre. » Un discours calibré pour un joueur très égocentré, qui vient de déclarer maladroitement dans *L'Équipe* : « Je joue pour moi. »

KANTÉ, L'HOMME AUX QUATRE POUMONS

Pour l'instant, les bottes secrètes de Deschamps sont ailleurs. Elles s'appellent Dimitri Payet, 29 ans, et N'Golo Kanté, 25 ans. Brillant durant les matchs de préparation, l'ancien joueur de Nantes, Lille, Saint-Étienne et Marseille vient d'effectuer une saison flamboyante à West Ham. Quant à l'ex-Caennais et milieu de terrain de Leicester, il a tout simplement été sacré champion d'Angleterre. Sur le terrain, il semble posséder quatre poumons.

Payet et Kanté sont évidemment titulaires au Stade de France lors du match d'ouverture contre la Roumanie qui n'a encaissé que deux buts dans son groupe qualificatif qu'elle a terminé invaincue.

Kanté côté français, Stanciu côté roumains ont réussi leur entrée en matière.

Le capitaine des Bleus Hugo Lloris a tracé la feuille de route : « C'est la compétition la plus importante de notre carrière. On n'a pas envie d'être prudents. » « Il va falloir lâcher les chevaux, ne pas avoir de retenue, d'hésitations », ajoute Deschamps, qui sait que son équipe penche vers l'avant.

L'application de ce programme ambitieux s'avère pourtant complexe. Tétanisés par l'enjeu, les Bleus ratent leur entame. C'est un miracle si Lloris parvient à détourner une reprise à bout portant d'Andone (4e). La réplique vient de Griezmann. Au bout d'un centre de Sagna mal repoussé par Chiriches, le Madrilène frappe de la tête sur le poteau du gardien géant Tatarusanu (1,98 m). Les Roumains pressent très haut. Les Français peinent à sortir de cet étau. « J'avais parfois l'impression qu'ils étaient douze », dira Patrice Evra après la rencontre.

« Marcelo Bielsa m'a fait devenir plus mature et régulier. Il a mis de l'ordre dans mon jeu.

DIMITRI PAYET

Après que Stanciu a raté une grosse occasion (48e), les Bleus se donnent enfin un peu d'air. Sur un centre de Payet, Olivier Giroud sort victorieux d'un combat aérien avec Tatarusanu – sur lequel il fait sans doute une faute non signalée – et ouvre le score de la tête (57e). Hélas, la France dilapide son précieux butin quand Evra commet une faute sur Stanciu, lequel transforme lui-même le penalty (65e).

UN MISSILE VENU DE LA RÉUNION

C'est le moment que choisit Deschamps pour prendre deux décisions fortes. Il sort d'abord Griezmann que Coman remplace (66e), puis Pogba, suppléé par Martial (77e), ce qui permet de recentrer Payet. Servi par Kanté, le Réunionnais délivre les siens, et tout un pays, en expédiant un missile des 20 mètres du pied gauche en pleine lucarne opposée (89e). Il était temps. Le sauveur sort en pleurs trois minutes plus tard pour laisser sa place à Sissoko. Deschamps lui a ménagé une superbe *standing ovation*. « Un but fabuleux d'un joueur magnifique », lancera l'entraîneur roumain Anghel Iordanescu admiratif.

« Le match a été compliqué, concède DD et les vingt premières minutes délicates. Un match d'ouverture ressemble un peu à une finale. On a fait ce qu'il fallait pour arracher la victoire avec quatre joueurs offensifs. C'est simple le football quand on frappe dans les lucarnes. »

« Pogba peut mieux faire, mais je ne veux pas être trop dur avec lui. En tout cas, je n'ai pas pensé une seule seconde à sortir Kanté », dira encore le sélectionneur, histoire de piquer sa star défaillante.

« On n'a pas fait un grand match, mais ce n'était pas non plus la cata, estime Matuidi. Il faut oser, prendre plus de risques. » Quant au buteur de l'impossible, il rend hommage à qui de droit : « Marcelo Bielsa m'a fait devenir plus mature et régulier. Il a mis de l'ordre dans mon jeu. » Merci « El Loco » !

À Marseille, contre l'Albanie, Payet est évidemment de nouveau titulaire, au contraire de Griezmann et Pogba. Deschamps va au bout de ses idées. Coman et Martial occupent les ailes dans un schéma de jeu revisité. Les Bleus ne gardent pas un bon souvenir de l'adversaire du jour qu'ils ont affronté deux fois lors de leur longue période de préparation. Après un match nul à domicile (1-1), ils ont dérapé en juin 2015 (1-0) en Albanie. Titulaire ce jour-là, Payet avait été remplacé dès la mi-temps, et son dilettantisme avait grandement agacé le sélectionneur. C'est en héros qu'il retrouve une équipe battue par la Suisse (1-0) dans son premier match qu'elle a joué à dix contre onze une heure durant après l'expulsion de son capitaine Lorik Cana.

Payet, le but qui change tout.

LE BRAS
de Pogba

Payet vient d'inscrire le second but contre l'Albanie, et Pogba, en remontant le terrain pour aller participer à la célébration, esquisse un furtif mais réel bras d'honneur en direction de la tribune de presse. La réponse aux critiques justifiées qu'il a subies est malvenue. La chaîne BeIN Sports refusera de diffuser la scène.
La télévision belge s'en chargera. Au lendemain de la qualification des Bleus, on ne parle plus que de ça.
Bien peu courageux sur ce coup-là, le Turinois se fendra d'un communiqué alambiqué et mensonger dans lequel il évoquera sa « sarabande habituelle poing en l'air et poing levé devant ma famille. Rien de plus, rien de moins ». Et, intérêt national aidant, l'affaire Pogba en restera là.

L'amitié franco-suisse après un résultat qui arrange tout le monde.

FRAGILES
maillots

Si le match entre la France et la Suisse n'a pas atteint les sommets en matière de spectacle, il a en revanche fait trembler les équipementiers. Les maillots suisses se sont déchirés comme du papier : à sept reprises, il a fallu qu'un joueur helvète change de tunique. Brocardé sur les réseaux sociaux, Puma, le fournisseur, a été contraint de reconnaître « l'erreur de production » et de présenter ses excuses. Comme si cela ne suffisait pas, à la 54ᵉ minute, le défenseur suisse Behrami, à la lutte avec Griezmann, a crevé le ballon officiel Adidas qui répondait au doux nom de « Beau Jeu ». Là encore, la société allemande a été contrainte de mettre en place une communication de crise.

Sur une pelouse miteuse (« un désastre », dira Deschamps), les Bleus comprennent vite qu'ils vont se heurter à un mur. Leur première période est affreuse. Martial est inexistant. « Vous jouez un Euro, pas un match amical, il faut donner plus », tonne Deschamps dans le vestiaire au repos.

GRIEZMANN PERCE LE COFFRE-FORT

À la reprise, Pogba remplace Martial et le rythme s'accélère. Pourtant, quand commence la 90e minute, aucune des deux formations n'est encore parvenue à cadrer le moindre tir. Sur un centre de Husaj, Sagna a détourné le ballon sur son propre poteau (52e) et sur un centre d'Evra, Giroud a expédié son coup de tête sur le poteau de Berisha (69e).

On joue donc l'ultime minute du temps réglementaire quand Rami remet au centre un ballon mal dégagé par la défense albanaise. Griezmann, qui a remplacé Coman vingt minutes plus tôt, fait mouche de la tête (90e). Payet double la mise au bout du temps additionnel d'une délicieuse frappe enroulée (90e+6, 2-0). La France qui souffre est déjà qualifiée pour les huitièmes de finale, car la Suisse et la Roumanie se sont neutralisées (1-1).

« Mes joueurs sont de vrais compétiteurs, se réjouit Deschamps. J'aime ça, je veux les voir comme ça. » « C'est une revanche sur le match contre la Roumanie », concède Griezmann.

« Le problème, c'est qu'on gagne dans la souffrance », analyse le grand ancien Alain Giresse. Mais peut-être est-ce la grande force de cette équipe qui sait que rien ne lui sera jamais donné.

Quatre jours plus tard, contre la Suisse, à Lille, c'est la cruciale première place du groupe qui se joue. « L'heure de la sarabande », titre *L'Équipe*. « On essaiera de faire du spectacle en pratiquant un beau football », affirme Lloris, qui va porter son 54e brassard de capitaine, record d'un certain Didier Deschamps égalé.

Depuis le Mondial 2006 et son succès contre le Togo (2-0), la France n'a gagné aucun de ses quatre derniers matchs de poule (trois défaites et un nul). Et la Suisse n'a besoin que d'un score de parité pour assurer son avenir.

Au coup d'envoi, sur une pelouse absolument lamentable (« c'est désolant », dira Deschamps), Payet est sur le banc en compagnie de Matuidi et Kanté. Coman, Sissoko et Cabaye sont titulaires. Griezmann et Pogba également.

MERCI M. SKOMINA

Le Turinois est d'emblée le roi du terrain. Il aide Lloris à protéger sa cage devant Djourou menaçant (8e) puis enchaîne les occasions : frappe du droit détournée par Sommer sur sa transversale (12e), frappe croisée de volée du droit détournée en corner par Sommer (13e), frappe de loin du gauche sur la transversale (17e). Mais il finit par s'essouffler et la France avec lui. Les Suisses sont dans la gestion. Ils ne cadreront pas un tir du match. Pourtant, après avoir survécu à une frappe atomique de Payet (qui a remplacé Coman) sous la barre au bout d'un long débordement de Sissoko (75e), ils ne sont pas loin d'obtenir un penalty après un double accrochage de Rami et Sagna sur Seferovic et Dzemaili (90e+2). Par chance, M. Skomina, l'arbitre slovène, en décide autrement. La première place est dans la poche, mais les doutes ne sont pas levés quant à la capacité de cette équipe à aller au bout de sa quête.

« Ce résultat nous convenait pour assurer la première place, commente le pragmatique Deschamps. C'est très important de finir premier. Il y a des choses à améliorer, mais c'est le cas pour toutes les équipes. L'Euro est compliqué pour tout le monde. »

« L'aventure continue », lance Pogba le revanchard. Et, en attendant de connaître le nom du futur adversaire des Bleus en huitième de finale, Cabaye résume parfaitement un avenir qu'il espère radieux : « C'est une autre compétition qui commence. » Avec, cette fois-ci, son véritable lot d'émotions.

> « C'est une autre compétition qui commence.
>
> YOHAN CABAYE

26 juin 2016, Parc Olympique Lyonnais, Décines

FRANCE-EIRE : 2-1

Randolph-Griezmann : le duel de l'après midi.

UN BON BOL D'EIRE

Rapidement menés au score et mal positionnés tactiquement, les Bleus ont dû tout chambouler en seconde période puis s'en remettre au talent du goleador Antoine Griezmann, pour franchir l'obstacle irlandais et aller de l'avant. Sans rassurer.

Ils attendaient des Irlandais. Du nord. Et ce furent des Irlandais. Du sud. En venant à bout de l'Italie déjà qualifiée et certaine de finir première, l'Eire a rebattu les cartes. Pas sûr que les Français y aient gagné au change. Surtout qu'il traîne une vieille querelle entre les deux nations depuis la fameuse main de Thierry Henry en 2009, lors du barrage qualificatif au Mondial sud-africain. « C'est bien plus compliqué que l'autre Irlande », déclare l'entraîneur consultant Paul Le Guen. « Mais il ne faut pas exagérer, ajoute-t-il. On est meilleurs qu'eux et on a de meilleurs joueurs. » La star irlandaise s'appelle Shane Long et joue à Southampton, en Premier League. Aucun de ses camarades n'évolue dans un grand club.

Autant que de sa rivale, c'est d'elle-même que la France doit se méfier après un premier tour en demi-teinte. « Je ne comprends pas le jeu des Français », déclare l'ancien gardien international allemand Oliver Kahn.

Pogba fait toujours débat et avec lui tout le système tactique. Lors de l'ultime entraînement, on comprend que le Turinois occupera le flanc gauche, sa zone préférée, ce qui obligera Matuidi à migrer à droite, dans un secteur qui n'est pas le sien habituellement.

Ancien entraîneur de Matuidi à ses débuts à Troyes, Jean-Marc Furlan est sceptique : « Blaise n'a jamais joué à droite dans un 4-3-3. Et même pour un joueur de classe mondiale comme lui, ce n'est pas facile de jouer dans les zones qu'on ne maîtrise pas. »

« Pas d'excès de confiance », a prévenu le capitaine Hugo Lloris. Au cas où certains n'auraient pas compris le message, le début du match sonne comme une terrible piqûre de rappel. On joue depuis exactement 59 secondes quand Pogba fait faute sur Long et concède un penalty que Brady transforme (2e).

UN DOUBLÉ POUR GRIEZMANN

Hachée par les simulations irlandaises, la première période des Bleus est un calvaire. Rien ne fonctionne. Kanté fait moins que sa taille, Matuidi est en perdition, Pogba insipide et Payet invi-

sible. Lloris doit s'opposer à une frappe de Murphy (22e), tandis que Kanté et Rami reçoivent des cartons jaunes qui les priveront d'un éventuel quart de finale.

Au repos, ça secoue dans le vestiaire bleu. « On s'est dit qu'on était en France, qu'on n'avait pas le droit d'avoir des regrets, il y avait de l'ambiance », racontera Rami. « On ne peut pas dire qu'on avait peur, mais on était frustrés et en colère », déclarera Evra. « On s'est dit les choses. J'ai senti une certaine force », ajoutera Lloris.

Sans Kanté, remplacé par Coman, et dans une nouvelle organisation plus rationnelle où chacun retrouve ses aises, notamment Matuidi, les Bleus montrent dès lors un tout autre visage. Une tête de Koscielny rate le cadre (48e). Le temps pour Lloris d'écarter un ballon brûlant devant Long (52e) et, sur un centre de Sagna, Griezmann égalise enfin de la tête (58e). Ouf ! Et re-ouf trois minutes plus tard quand il double la mise du pied gauche sur une remise de la tête de Giroud (61e). L'expulsion de Duffy après une faute sur Griezmann (66e) met fin au suspense. Gignac se crée en vain trois belles occasions, dont un tir sur la barre (77e), et, seul face à Randolph, Griezmann rate le triplé dans les arrêts de jeu (90e+3).

« La réorganisation m'a permis de prendre plus le jeu à mon compte, explique le héros du jour. Quand je suis dans l'axe, je suis vraiment libre. Mais le sauveur, c'est toute l'équipe. » « Il n'y a pas que le choix tactique, déclare Deschamps pour expliquer la résurrection de la seconde période. Il y a aussi la volonté, la détermination de joueurs. Il fallait se libérer et se secouer. »

La France aurait bel et bien pu avoir le souffle définitivement coupé et la voilà qui respire à pleins poumons le bon air de l'Euro, en attendant de prendre son quart contre les Anglais. Forcément.

« On ne peut pas dire qu'on avait peur, mais on était frustrés et en colère.

PATRICE EVRA

3 juillet 2016, Stade de France, Saint-Denis

FRANCE-ISLANDE : 5-2

LES BLEUS
BRISENT LA GLACE

Dans un Stade de France ébloui, les Bleus, conduits par Griezmann, Giroud et Payet, se lâchent enfin et ne font qu'une bouchée d'Islandais déboussolés. La demi-finale tant attendue contre l'Allemagne aura bien lieu.

Magnifique détente et coup de tête décisif de Pogba pour le deuxième but français.

La France attendait des insulaires. Et ce furent des insulaires. À défaut des Anglais défaillants, voici les Vikings du Grand Nord. L'Islande compte 330 000 habitants. Pas vraiment le profil d'un épouvantail sur la scène européenne du ballon rond. Et pourtant.

Après l'élimination de l'Angleterre (2-1), le défenseur Sigurdsson se sent pousser des ailes : « La France est une bonne équipe, dit-il, assez similaire à l'Angleterre. Ce quart pourrait ressembler au huitième. » Rien que ça... Le consultant entraîneur Paul Le Guen remet un peu d'ordre et de bon sens dans ce capharnaüm : « Les Anglais étaient méconnaissables. L'équipe de France s'en sort bien. »

Bien sûr, chez les Bleus, personne ne s'autorise à tenir le même discours. « Jusqu'ici on a eu besoin de se faire peur, déclare Evra. Un jour, ça ne va pas passer. Ça peut ne pas passer contre l'Islande. » Côté français, le débat tourne, comme d'habitude, autour du système de jeu. Les suspensions de Rami et Kanté obligent Deschamps à revoir sa copie. Le néophyte lyonnais Umtiti (qui vient tout juste de signer au Barça pour 25 millions d'euros) est donné partant certain en défense. Jamais un joueur n'a connu sa première sélection en phase finale depuis le Nantais Gaby De Michel lors du Mondial 1966. Au milieu, c'est Cabaye qui tient la corde, devant Coman et Sissoko, au cas où le choix d'une attaque à trois pointes serait privilégié. Le sélectionneur entretient le mystère. Lors des ultimes séances, il teste les deux systèmes de jeu. Les Islandais n'ont pas les mêmes soucis. Ils vont aligner la même équipe pour la cinquième fois de suite.

Au-delà des systèmes, tout se jouera sur la volonté. « Le danger, c'est eux, mais nous aussi, rappelle sagement Sagna. Il faut être capables d'emballer le match d'entrée. Ça fait plusieurs fois qu'on fait la différence dans les dernières minutes. Un jour, on sera punis. » Deschamps ne dit pas autre chose : « L'idéal, c'est de bien commencer et de bien finir. »

Dans un Stade de France qui accueille ce soir-là, par un temps de fjord, 5 % enfiévrés de la population islandaise, Umtiti et Sissoko sont titulaires. Les Bleus pèsent 345 millions sur le marché des transferts. Les Islandais 22,5 millions. Sur le terrain, la différence va vite se faire sentir.

UN DOUBLÉ EN UNE HEURE POUR GIROUD

Après une entame fébrile et quelques petites frayeurs pour Lloris, Matuidi lance Giroud qui frappe sans contrôle du gauche. Son tir croisé passe entre les jambes du gardien (12e). Quelques minutes plus tard, sur un corner de Griezmann, Pogba y va de sa première réussite d'un solide coup de tête (20e). La messe est dite. Les Islandais se relèveront d'autant moins de ce double coup de massue que la réplique survient brutalement juste avant le repos sur une frappe croisée du gauche de Payet (43e) et une échappée solitaire de Griezmann qui pique victorieusement son ballon (45e).

4-0 à la mi-temps ! Du jamais-vu à ce niveau lors d'un Euro. Certes, l'Islande remporte la seconde période grâce à des buts de Sigthorsson (56e) et Bjarnason (84e) contre un nouveau but de Giroud, de la tête cette fois-ci (59e), mais les Français sont alors en mode gestion, la tête ailleurs. Gignac (60e) et Mangala (72e) remplacent Giroud et Koscielny que menace un nouveau carton jaune assassin.

Au sortir d'un succès rassurant, les Bleus sont gonflés à bloc. « La France est déterminée », dit Pogba. « On va essayer d'aller jusqu'au bout », enchaîne Payet. « Ce fut moins stressant que lors des derniers matchs », se réjouit Deschamps, déjà entièrement tourné vers la suite. Voici venue l'heure de ressortir les vieux fantômes de Séville 1982. « On est mieux, c'est vrai, mais l'Allemagne reste l'Allemagne, la meilleure équipe d'Europe et du monde », s'inquiète le sélectionneur.

La France vient d'escalader une falaise. Elle s'attaque maintenant à une montagne.

D'une frappe du gauche, Giroud avait rapidement ouvert la marque.

7 juillet 2016, Stade Vélodrome, Marseille

FRANCE-ALLEMAGNE : 2-0

GRIEZMANN
RÉINVENTE L'HISTOIRE

Deux coups de Grizou dans une tempête permanente, et au coup de sifflet final, tous les fantômes de Séville, de Guadalajara et du Maracana se sont envolés dans le ciel marseillais. En mettant leurs cœurs à nu, les Bleus ont enfin sorti l'Allemagne d'une phase finale et rejoint le Portugal à Saint-Denis.

C'est un soir comme il ne peut en arriver qu'un dans une vie, un bonheur absolu, sans faille et sans limite. Parvenir en finale d'un Euro est une chose. Après avoir sorti l'Allemagne, championne du monde en titre, c'est bien autre chose. On leur demandait beaucoup, à ces Bleus. Pas seulement de retrouver en finale le Portugal du grand Ronaldo.

Non, avant ils devaient aussi tordre le cou au passé. De Séville, de cette défaite épouvantable et romanesque lors du Mondial 1982, ils ont forcément entendu parler. On leur rebat les oreilles avec ça. De Guadalajara aussi qui n'est pas seulement un champ de bataille glorieux quatre ans plus tard, avec le succès en quart de finale face au Brésil du grand Zico, mais aussi celui d'une nouvelle défaite contre l'Allemagne en demi-finale.

Mais eux ne sont pas dans tout ça. Leur expérience de l'Allemagne est récente et douloureuse. En 2014, ils ont cédé en quart de finale du Mondial brésilien et c'est une chance de pouvoir espérer prendre une revanche si vite. Personne n'a oublié les larmes du jeune Antoine Griezmann inconsolable après l'élimination sur la pelouse du stade Maracana. Lloris, Koscielny, Evra, Pogba, Matuidi et Giroud ont disputé tout ou partie de la rencontre.

PAYET ET EVRA FONT NAUFRAGE

Et les revoilà dans un défi immense au Stade Vélodrome de Marseille devant un public captif et enamouré. « C'est une chance de disputer un Euro dans son pays », leur a rappelé Didier Deschamps dans son speech d'avant-match. Griezmann cherche à faire retom-

> « Non, ce n'est pas une revanche. Simplement un match important. On a à cœur de passer en finale.
>
> ANTOINE GRIEZMANN

Griezmann-Boateng,
duel de costauds.

ber la pression : « Non, ce n'est pas une revanche, dit-il. Simplement un match important. On a à cœur de passer en finale. » La vérité sort de la bouche de Sissoko : « On a toujours cette défaite en travers de la gorge. » « Le mental sera important, estime Lloris. Il y a cette petite étincelle qui brille depuis le début. On a envie de repousser nos limites. Au Brésil, nous étions tombés face à plus fort que nous. Mais notre équipe a grandi. »

Et Giroud se souvient qu'un soir tragique de novembre 2015, alors que d'odieux terroristes meurtrissaient Paris et Saint-Denis, les Bleus avaient battu les Allemands à la régulière : « Il faut se servir de cette victoire, explique-t-il. Elle prouve qu'on peut les mettre en difficulté. »

Sans le défenseur Hummels (le buteur du Maracana), suspendu, le milieu Khedira et l'attaquant Gomez, tous deux blessés, l'Allemagne s'avance diminuée. Et son capitaine Schweinsteiger ne donne pas toutes les garanties de solidité. Deschamps, lui, peut compter sur un effectif au grand complet. Il choisit de reconduire les vainqueurs de l'Islande. Au coup d'envoi, Rami et Kanté sont sur le banc, Umtiti et Sissoko sur le terrain.

Dans la chaleur d'un soir du sud et sur une pelouse en mauvais état, l'entame semble lui donner raison. Les Bleus prennent leurs responsabilités. Une frappe du droit de Griezmann, bien servi par Matuidi, oblige le gardien Neuer à plonger pour écarter ce premier danger (7e). La suite est d'un autre acabit. Les Allemands deviennent maîtres du jeu. Les Français courent derrière un ballon soudain devenu insaisissable ou incontrôlable. Sur le flanc gauche, Payet et Evra font naufrage face au très offensif défenseur Kimmich. Pogba et Matuidi ne parviennent pas à écoper au milieu.

L'INCROYABLE MAIN DE SCHWEINSTEIGER

Jamais sans doute une équipe d'Allemagne n'avait autant dominé une équipe de France. Lloris écarte un tir de Can (14e). Une intervention de Pogba sur Kroos fait craindre le penalty (21e). Umtiti contre in extremis une frappe de Müller (32e).

Mais si les Français sont en grande souffrance, ils n'en demeurent pas moins dangereux. Des coups francs lointains de Payet (25e) et Pogba (37e) finissent dans les bras de Neuer. Servi par Evra, Griezmann trouve le petit filet (41e) et Giroud, qui a chipé le ballon de la tête à Boateng dans le rond central, file seul vers Neuer avant d'être neutralisé par un retour et un tacle rageur d'Höwedes (42e).

Malgré tout, les Français attendent la mi-temps avec impatience quand, dans le temps additionnel, Schweinsteiger à la lutte aérienne avec Evra détourne inexplicablement le ballon de la main. L'arbitre italien Nicola Rizzoli hésite avant d'accorder le penalty qui s'impose. Griezmann le transforme en force (45e+2) et se console de son échec dans le même exercice lors de la finale de Ligue des champions entre son Atlético et le Real Madrid.

SUR LA PISTE de Platini

En inscrivant ses 5e et 6e buts de la compétition contre l'Allemagne, Antoine Griezmann devient meilleur buteur de cet Euro et deuxième meilleur buteur de l'histoire des phases finales du championnat d'Europe, à 3 unités du recordman Michel Platini, auteur de 9 buts en 1984. Un score qu'il n'améliorera hélas pas en finale. À noter toutefois que c'est en cinq matchs seulement (phase finale à huit pays) que Platini avait établi son record (1 but contre le Danemark, 3 contre la Belgique et 3 contre la Yougoslavie en poules, 1 contre le Portugal en demi-finale, 1 contre l'Espagne en finale), alors que l'avant-centre des Bleus 2016 a disputé sept rencontres.

Au repos, Deschamps demande à ses joueurs d'aller chercher les Allemands plus haut, d'anticiper leurs passes. Les Bleus s'y collent face à un adversaire sonné et meurtri par la blessure du solide Boateng, que Mustafi remplace au pied levé (61e). Mais ils sont encore très souvent ballottés et Payet est toujours autant en souffrance. Le sélectionneur le remplace par Kanté pour solidifier le milieu de terrain (71e). Sans qu'il y ait rapport de cause à effet, une minute plus tard, sur une erreur de Kimmich, Pogba récupère le ballon, s'excentre sur la gauche et, après quelques gris-gris pour éliminer Mustafi, centre devant le but. Neuer, à la peine, repousse droit devant lui sur Griezmann, qui expédie le ballon dans le but de la semelle de son pied gauche (72e).

L'ODE AU MAILLOT BLEU DE DESCHAMPS

On se pince pour y croire, car ce que l'on a vu jusque-là semblait annoncer une tout autre issue. Mais il y a des soirs comme ça, Deschamps connaît ce truc-là, où tout vous sourit. Griezmann rate même le triplé face à Neuer (86e) après que Kimmich a frappé sur la barre (74e) et avant que Lloris n'effectue un énorme arrêt sur sa ligne sur une tête de l'intenable Kimmich (90e+3).

« J'ai trouvé que la France a bien joué, mais nous étions meilleurs », se désole à juste titre l'entraîneur allemand Joachim Löw.

Cette fois-ci, tout le pays est fou de ces Bleus qui ont vaincu le signe indien. Les Champs-Élysées sont pris d'assaut comme au bon vieux temps de 1998. « C'est dur de réaliser ce qu'on est en train de faire », dit Matuidi. Héros du jour, Griezmann est aux anges : « C'était beau à vivre, raconte-t-il. On va fêter cette victoire, savourer. J'avais à cœur de retirer un penalty dans un moment important. Sur le deuxième but, je suis à la retombée en position d'attente et il y a cette erreur du gardien. C'est un moment très important pour moi, mais il reste un match et il s'annonce compliqué. » Bien vu.

« Je suis d'abord heureux pour les joueurs, affirme Deschamps. Antoine est un grand joueur. Nous avons eu un peu de réussite et un Hugo Lloris décisif. Ce maillot bleu est la plus belle chose qui me soit arrivée. Il faut que ce soit le cas pour tous ceux qui le portent. Cela ne l'a pas toujours été forcément, mais aujourd'hui les joueurs ont conscience de cette responsabilité. »

Portée par un fort courant, l'équipe de France avance confiante vers ce qu'elle imagine alors être un grand destin.

« J'ai trouvé que la France a bien joué, mais nous étions meilleurs. »

JOACHIM LÖW

Intraitable Lloris.

ÇA PART DANS TOUS LES SENS !

Le premier tour de l'Euro a donné lieu à quelques surprises et totalement bouleversé les pronostics théoriques. Au point de déboucher sur un tableau des huitièmes de finale déséquilibré et follement excitant.

GROUPE B COMME « BALE »

La sensation est galloise. Gareth Bale, évidemment, star du Real Madrid, l'homme débauché à Tottenham pour un montant de plus de 90 millions d'euros. Mais pas seulement. Bale a marqué à chacun des trois matchs et prend bien soin de partager la lumière. L'inverse, en quelque sorte, de ce qu'il observe et subit tout au long de la saison avec Cristiano Ronaldo... « On a réussi une belle performance collective et si on a connu de belles satisfactions ces dernières saisons, là, ce qu'on vit est juste incroyable. » Premier du groupe devant l'Angleterre, le voisin, la figure tutélaire, le pays de Galles s'appuie sur un contingent rodé aux joutes de la Premier League et pas seulement dans des clubs de seconde zone. Joe Ledley (Crystal Palace), Joe Allen (Liverpool) ou Aaron Ramsey (Arsenal) sont ainsi les autres artisans majeurs de cette traversée quasi parfaite du premier tour. « Voir votre équipe exécuter tout ce que vous avez travaillé, c'est vraiment satisfaisant et j'en suis intensément fier », conclut le sélectionneur Chris Coleman, après la défaite sans conséquence (1-2) face à l'Angleterre. Deuxièmes, les Anglais sont finalement à leur place. Ils n'ont pas perdu, ils n'ont rien montré, mais ça fait cinquante ans que ça dure et ça s'arrêtera bien un jour pour leur plus grand bonheur. Meilleur troisième, solide, bien organisée et opportuniste, la Slovaquie du Napolitain Marek Hamsik se faufile devant la Russie, éliminée, déception majeure de ce tournoi. Sixième championnat européen, où évoluent quasi tous ses internationaux, la sélection russe fut molle, inexistante et seulement contrariante les cinq dernières minutes de son match face à l'Angleterre (1-1). Le coach du CSKA, champion en titre et entraîneur national, en tire une conclusion digne : « Après ce genre de performance, il est nécessaire que ce soit une autre personne qui prépare notre équipe à l'avenir. » L'avenir ? La prochaine Coupe du monde, dans moins de deux ans, en... Russie.

GROUPE C COMME « CONFORME »

Tout s'est déroulé sans accroc. Comme prévu, l'Allemagne s'extrait en tête du groupe devant la Pologne. L'Ukraine, déstabilisée depuis deux ans et demi par une situation politique complexe, tendue et stressante, a traversé le tournoi la tête et les jambes autre part. C'est d'ailleurs la seule équipe quittant le tournoi avec zéro point.

Pour l'Allemagne, les choses ont semblé progresser lentement. Il faut dire que les champions du monde n'ont pas forcément l'effectif qui les avait amenés au sommet en 2014 au Brésil. Mario Götze, remplaçant au Bayern, utilisé comme attaquant de pointe par Joachim Löw ? Franchement, ce n'est pas sérieux. Transparent. L'éternel espoir Julian Draxler (Wolfsbourg) ne sert à rien sur le côté gauche – c'est pas la Bundesliga, l'Euro, les défenses ne sont pas toutes en beurre fondu. Mesut Özil conserve cet agaçant penchant pour l'intermittence et, sans Schweinsteiger, ne parvient pas à prendre le leadership sur le jeu. Quant aux défenseurs, peu de monde, hormis Hummels et Boateng (qui peuvent toutefois commettre une bourde à tout moment). Benedikt Höwedes, par exemple, a un souci crucial avec le ballon, ce qui ne favorise pas l'expression sur un terrain de football. Comme par hasard, lorsque Joachim Löw renonce à son idée de départ pour aligner Mario Gomez (Besiktas), véritable avant-centre, en pointe en décalant Götze à gauche, ça fonctionne mieux. Özil reprend les clés, Götze un peu d'élan. Et l'Allemagne ne tremble pas.

La Pologne non plus, mais ne brille guère. Robert Lewandowski se fait attendre au premier tour, mais ses coéquipiers font le boulot. C'est une équipe solide, mature tactiquement, taillée pour ennuyer n'importe qui. La vraie sensation, c'est l'Irlande du Nord. On est là dans le deuxième ou troisième paquet du foot britannique, mais c'est marrant. Ça joue en 6-3-1, voire en 9-3-1 en phase défensive, et ça s'appuie sur un excellent gardien, notamment face aux Allemands. Michael McGovern (qui évolue à Hamilton, en Écosse) a repoussé (ou sa barre ou son poteau) 8 des 9 tirs cadrés de la Nationalmannschaft. En attaque, disons que le hasard peut parfois bien faire les choses et qu'une caricature du jeu des îles britanniques des années 1970-1980 peut toujours servir la culture générale des plus jeunes. L'atout numéro un de l'Irlande du Nord, comme celui de son voisin, l'Irlande, ce sont ses fans que les joueurs allemands ont avoué avoir regardés et écoutés même pendant le match tellement leur prestation vocale et leur qualité d'ambianceurs étaient exceptionnelles.

BATAILLE de rue

L'image forte du premier week-end de l'Euro ne concerne pas les pelouses. En marge de la rencontre entre la Russie et l'Angleterre, des hooligans russes et anglais se donnent en spectacle lors de violentes batailles rangées en pleine ville de Marseille. Organisés tels des commandos, certains Russes ne sont venus que pour cela : affirmer leur suprématie de cogneurs. Les forces de l'ordre ne parviennent pas à arrêter les fauteurs de trouble et chacun – ministère, UEFA, municipalités, fédérations russe ou anglaise – se renvoie la balle des responsabilités. Plusieurs dizaines d'arrestations conduiront à des expulsions du territoire de « fans » russes et anglais notamment.

GROUPE D COMME « DÉROUTANT »

Puisque l'Espagne démarre par un succès convaincant sur la Turquie (3-0), elle retrouve logiquement un statut de favori de la compétition. Après tout, elle a remporté tous les grands tournois depuis 2008 hormis le Mondial 2014 (son élimination au premier tour peut être considérée comme un accident davantage qu'une fin de cycle). L'Iniestamania bat son plein, le retour de la Roja est d'autant plus annoncé que la Liga a triomphé sur la scène européenne avec trois clubs sur quatre en finale de Coupes européennes et les succès du Real Madrid et du FC Séville. La « finale » du groupe est d'ailleurs somptueuse entre Croatie et Espagne, sauf que les Croates, menés dès la 7e minute (but de Morata), s'imposent grâce à Kalinic (45e) et à l'ex-Sochalien Perisic (87e, 2-1).

Conséquence : la belle Espagne change de côté dans le tableau final et, en tant que deuxième de son groupe, se retrouve promise à l'Italie, son adversaire malheureux lors de son triomphe à l'Euro 2012... « Ce n'était pas vraiment le chemin qu'on espérait, c'est vrai, reconnaît Vicente Del Bosque, le sélectionneur espagnol. On a eu l'impression de contrôler le jeu, mais au bout du compte, nous voilà en position délicate avec la perspective de retrouver les Italiens dès le prochain tour... »

L'ambiance est différente chez les Croates, virevoltants comme parfois, mais solides comme rarement. Avec Modric (Real Madrid) et Rakitic (Barcelone), ils disposent de deux leaders d'envergure capables de les mener haut. Davor Suker, ancien du Real et ex-star de la sélection croate des années 1990, en est convaincu. Désormais président de la fédération de son pays, il annonce : « J'espère qu'on va jouer contre la France comme lors de la demi-finale de la Coupe du monde 1998 à Saint-Denis, ce serait génial ! »

GROUPE E COMME « EFFICACE »

On appelle cela « une nation de tradition ». L'Italie. On l'annonce moyenne, on doute de son talent ? Bing ! 2-0 contre les Belges dès le premier match. Une transition tactique digne du basket : 3-5-2 qui se transforme en 3-3-4 en phase offensive. La jeune garde belge ne comprend pas ce qui se passe et écorne son statut de top favori d'entrée. Pendant ce temps, la culture éternelle, la science pourrait-on dire, des Italiens fait encore des merveilles. Certes, les Italiens seront battus lors du dernier match de poules (1-0 par l'Irlande), mais sans conséquence, puisqu'ils étaient assurés de terminer à la première place de ce groupe. « L'Eire disputait le match de sa vie, relativise Antonio Conte, le sélectionneur. On le savait... C'est étrange de finir pre-

PELOUSES pourries

On a vite senti que les polémiques autour de l'équipe de France n'avaient guère lieu d'être et, du coup, un sujet passionnant est venu combler l'absence de débat vif : les pelouses. Hormis au Parc des Princes et à Lyon, elles furent indignes d'une telle compétition, celles de Lille et de Marseille figurant parmi le pire de ce qui peut se voir. Là aussi, bagarre : qui de l'UEFA et des clubs ou des villes (qui possèdent les enceintes et en gèrent certains aspects) est responsable. Quand on sait que, depuis plusieurs saisons, la Ligue 1 est le championnat européen qui se dispute sur les pelouses les plus mal entretenues du continent, on a une idée de la réponse. Surtout, on a bien tort d'avoir joué les surpris.

Mertens, feu-follet de l'attaque des Diables rouges.

mier de cette poule et de se dire qu'on va tomber sur l'Espagne, puis peut-être l'Allemagne et éventuellement la France. Mais ainsi les règlements sont-ils faits… »

Fataliste le futur coach de Chelsea, tandis que l'ancien technicien de Bordeaux, Marc Wilmots, serait revanchard : « On s'est bien remis en place après la défaite contre l'Italie. Quelques-uns nous avaient déjà enterrés. On est là et bien là ! » Peu convaincante malgré sa génération dorée (Hazard, De Bruyne, Courtois, Fellaini, Lukaku, Witsel), la sélection belge est un peu nerveuse. « Franchement, notre jeu, je m'en bats les c… du moment qu'on gagne », lance De Bruyne après le succès final (1-0) face à la Suède, dernier match en sélection de Zlatan Ibrahimovic, qui aura donc achevé sa carrière internationale à Nice.

L'Eire, en revanche, se glisse à la troisième place et se dirige vers la France en huitième. « C'est extraordinaire, reconnaît l'entraîneur Martin O'Neill. Je ne savais même plus que c'était la première fois que l'Irlande passait un premier tour dans un tournoi. »

GROUPE F COMME « FOU »

On attend le Portugal, on attend Cristiano. Mais il n'est pas là. Pas tout de suite en tout cas. On espère l'Autriche, on croit en Alaba. Mais elle ne vient pas. Elle rentre chez elle, surtout, dernière du groupe. Les Portugais ne connaissent pas cette désillusion, mais ne passent qu'à la faveur de leur classement parmi les meilleurs… troisièmes. Agacé, Cristiano Ronaldo a balancé le micro d'un journaliste dans une rivière le matin du dernier match face aux Hongrois. Cela l'a réveillé, car il a inscrit un doublé qui a évité aux siens de… perdre. 3-3 contre la Hongrie qui prend la première place de ce groupe ! « Mon équipe mérite qu'on parle d'elle et pas du passé », rugit le sélectionneur Bernd Storck en référence aux sempiternelles nostalgies de la grande Hongrie des années 1950, celle de Puskas, entre autres. On parlera désormais de celle de Kiraly, 40 ans, gardien qui porte depuis toujours un bas de survêtement. « On n'a peur de personne, assène Gergö Lovrencsics. On a montré qu'on pouvait être bons face à toutes les équipes et on n'a pas à être effrayés par la Belgique qu'on retrouvera en huitième ! » Fernando Santos, le coach portugais, acquiesce : « C'est l'équipe la plus structurée du tournoi, la mieux organisée. »

S'il n'y avait que la Hongrie… Car qui est deuxième ? L'Islande. 300 000 habitants, dont 10 % en France pour l'Euro. Des semi-amateurs et quelques pros qui se donnent le droit d'affronter les Anglais en huitième de finale. Une sélection dont le dernier match de poule contre l'Autriche (1-0) a été suivi par 99,8 % des téléspectateurs en Islande. « C'est impossible à décrire, dit Kari Arnason. Je suis qualifié avec mes meilleurs amis. Nous sommes très unis et c'est merveilleux. Et tous ces supporters… Je connais la moitié des fans présents dans le stade, en fait. Je les reconnais. » C'est pas beau, ça ?

40

Hopp
Schwiiz

LA SENSATION, C'EST L'ISLANDE

Lors des premiers matchs décisifs, l'Allemagne et surtout l'Italie impressionnent. Mais l'événement est créé par les Islandais, qui éliminent l'Angleterre et s'incrustent en quart de finale.

À peine les huitièmes de finale de l'Euro connus, les ménestrels professionnels du ballon rond entament leur chanson de geste : tableau déséquilibré, sans intérêt, qui démontre l'inutilité de ce tournoi à 24 équipes. Les mêmes qui se plaignaient du manque de grandes affiches déplorent que l'Italie et l'Espagne se retrouvent dès le premier « match-couperet », comme on dit au pays de la Révolution. Ils soupirent que la France se retrouve du côté des Italiens, des Espagnols, des Anglais et des Allemands. Et ne comprennent pas comment la Pologne, la Suisse, la Hongrie, la Croatie ou l'Irlande du Nord peuvent être tous ensemble de l'autre côté. Parce qu'ils ont plutôt réussi en poules, tout simplement. La suite de l'histoire va démontrer que cette analyse rétrograde, qui n'accorde crédit qu'aux pays traditionnels, repose sur inculture et étroitesse d'esprit.

RONALDO SORT MODRIC

Le duel entre la Croatie et le Portugal scelle les retrouvailles de Lukas Modric et Cristiano Ronaldo, moins d'un mois après leur succès en Ligue des champions sous le maillot du Real Madrid. Séduisante au premier tour, la Croatie serait plutôt favorite face à ces Portugais empotés pendant leurs trois premiers matchs. Ronaldo semble fatigué, agacé et autour, l'armée de fantômes de Fernando Santos constitue une vraie déception. On s'ennuie ferme pendant 90 minutes sans échapper, malheureusement, à la prolongation. Comme quoi, deux équipes réputées du continent, avec des stars du Real, du Barça, de la Premier League, peuvent se montrer beaucoup moins emballantes que ces petites nations tant décriées... Au bout de la prolongation, alors que les Croates dominaient, un contre place Ronaldo en position favorable. Son tir n'est que repoussé par le Monégasque Danijel Subasic et Quaresma pousse le ballon dans le but vide (1-0, 118e). « On contrôlait, regrette le sélectionneur Ante Cacic. On n'a concédé aucune occasion, mais on a commis une erreur sur le but et on a été punis. Le foot n'est pas toujours juste. » « Pour gagner un tournoi, il faut parfois d'autres vertus que le jeu offensif, l'attaque, reconnaissait Fernando Santos. On a eu un brin de réussite... » Et un peu d'expérience en plus, aussi.

LEWANDOWSKI MALGRÉ SHAQIRI

Les deux ont porté ou portent les couleurs du Bayern. Les deux étaient très attendus et pas trop au rendez-vous au premier tour de l'Euro. Le Suisse Xherdan Shaqiri et le Polonais Robert Lewandowski se réveilleraient-ils lors de leur huitième de finale ? Oui, pour Shaqiri, auteur d'un ciseau retourné somptueux permettant aux Helvètes d'égaliser (1-1). Pas vraiment pour Lewandowski, qui marqua toutefois son tir au but lors de la séance qui permit aux Polonais de passer en quart de finale (1-1, 5 t.a.b. à 4).

Eh oui, les Polonais, pourtant en difficulté toute la seconde phase du match (« On a le sentiment d'avoir dominé pendant 70 minutes, on était meilleurs et ils étaient fatigués », souffle le Suisse Seferovic), se qualifient. C'est leur meilleure performance depuis la troisième place obtenue lors de la Coupe du monde 1982 face à la France. « Même si c'est historique pour nous, on n'a encore rien fait, prévient toutefois l'ancien Rémois Grzegorz Krychowiak. C'est bien d'être en quart, mais on a une ambition plus importante que celle-là. On peut réussir encore de belles choses ! »

BALE NE S'ARRÊTE PLUS

Sacrée promotion du football britannique, le match entre le pays de Galles et l'Irlande du Nord est digne de ce que la Premier League est capable d'offrir parfois : une sacrée bouillie insipide. Erreurs techniques, approximations, joueurs essoufflés à la moindre course. Quand ça ne veut pas, ça ne veut pas. Et ça ne veut plus pour les Irlandais du Nord, qui sont victimes d'un centre de Gareth Bale que McAuley n'a d'autre option que de dévier dans son propre but (1-0). « On aurait mérité d'aller en prolongation », tente le sélectionneur Michael O'Neill, oubliant que les spectateurs, eux, n'auraient sans doute pas mérité ça !

« On n'a pas bien joué du tout, reconnaît le coach gallois, Chris Coleman. On n'est pas habitués à être le vainqueur attendu, et j'ai ressenti de la crispation chez mes joueurs avant le match. Ce n'était pas beau à voir et on a eu beaucoup de chance. »

LE FRUIT DU HAZARD

Enfin un bon match d'Eden Hazard cette saison. Et ça tombe sur la Hongrie de Gabor Kiraly. Le gardien au jogging-pyjama n'a pas de chance. Au moins son équipe n'a-t-elle jamais refusé le jeu et, si elle a pris une valise, elle a de quoi être fière. « On a toujours essayé d'attaquer, confirme le sélectionneur Bernd Storck. L'équipe a montré qu'elle savait jouer au foot. On peut partir la tête haute, on a appris beaucoup face à une formation dont tous les joueurs évoluent dans de grands clubs. La différence s'est vue sur le terrain, c'était clair d'emblée. » Dembélé ? Non, il est forfait. Ah, humour, quand tu nous tiens…

Marc Wilmots, lui, n'a pas trop l'envie de rire. Il est agacé et revanchard. « On a reçu des critiques, toujours dans le même sens. Quand tu vois le travail accompli depuis quatre ans, il y a

Ronaldo, tireur-passeur décisif.

Boateng, l'arrière allemand à tout (bien) faire.

quand même des gens qui sont là pour toujours critiquer. Mais on a "fermé la boîte" avec les joueurs et le staff. La réponse, elle est là, sur le terrain. » « Faire mieux que ce soir, ce serait compliqué », soutient Hazard de son côté. Ils ne se prendraient pas un peu au sérieux, les Belges ?

L'ALLEMAGNE SE RÉVEILLE

À Lille, les champions du monde allemands inaugurent dans la joie la nouvelle pelouse posée deux jours avant. Les Slovaques les avaient battus en préparation (3-1), mais cette fois, les partenaires du Napolitain Marek Hamsik n'auront pas la moindre opportunité. Incertain avant le match, Jérôme Boateng ouvre le score d'une sacrée reprise de volée à l'entrée de la surface (1-0, 19e). « Je suis content qu'elle soit rentrée, souriait le défenseur du Bayern Munich. On voulait absolument les empêcher de s'installer dans la partie et on l'a fait. » Mesut Özil manque ensuite un penalty, mais cela ne perturbe pas les Allemands, qui continuent à avancer et à multiplier les occasions.

Juste avant le repos, un numéro de Draxler, enfin au niveau, se conclut par un but de Mario Gomez. Les Slovaques sont bouillis et Draxler lui-même inscrira un troisième but en deuxième période. « On a retrouvé un peu d'efficacité devant le but, notait Gomez. Mais rien n'est facile dans cet Euro. En revanche, on ne prend aucun but et c'est positif. » Avec une idée de jeu et quelques talents individuels, c'est quand même plus facile d'avancer dans le tournoi. L'Allemagne en est la preuve. L'Italie, son prochain adversaire, aussi.

L'ITALIE, SACRÉE ÉQUIPE

Revanche de la finale de l'Euro 2012 entre Espagne et Italie, la rencontre n'a jamais échappé aux Italiens au Stade de France. Chiellini en première période (1-0, 33e), puis la spéciale en fin de match : baiser mortel du serpent par Pellè (2-0, 90e+1). La Roja dehors et en pleine autocritique. « Soyons réalistes, avance Gerard Piqué, on n'a plus le niveau de la période 2008-2012. Notre style n'est plus aussi efficace. Peut-être que ça va servir à nous remettre à notre place, qui n'est pas celle de favoris pour remporter des titres. »

Pour les Italiens, ce serait l'inverse. Parce que leurs clubs ne dominent plus l'Europe, parce qu'ils ne possèdent pas un talent individuel remarquable, ils ont à peine eu droit à un regard à leur entrée dans le tournoi. Pourtant, ils impressionnent. Culture du jeu, discipline, solidarité, modestie et efficacité : la Squadra Azzurra éternelle. « Nous n'avons pas de grande star, mais nous avons une équipe avec une idée de jeu et c'est surtout grâce à Antonio Conte », remarque Leonardo Bonucci. « Depuis le départ,

Imbattable Buffon.

je répète que nous sommes une équipe, une vraie, et pas une sélection, poursuit le futur entraîneur de Chelsea. Maintenant, on va voir contre l'Allemagne, la plus forte formation de cet Euro. » « Plus forte que nous, oui, c'est la vérité sur le papier, répond le gardien Gianluigi Buffon. Sur le terrain, c'est autre chose. »

L'ISLANDE N'EST PAS PERSONNE

Leurs noms s'achèvent toujours par les trois mêmes lettres, on les confond, on ne les connaît pas, mais les Islandais enchaînent les sensations. Leur victime en huitième de finale s'appelle Angleterre. Soyons clair : l'Angleterre, c'est une toute petite sélection dans l'histoire du football. Hormis le Mondial 1966 chez elle, elle n'a jamais disputé la moindre finale d'un grand tournoi international. Et depuis cinquante ans, justement, elle se promène dans un no man's land jamais reflété par sa surexposition médiatique qui, à ce niveau-là, relève du mirage, voire du mensonge absolu.

Il n'empêche, son football étant ce qu'il est, elle avait peu de chance d'être éliminée par les Islandais, déjà ravis d'accéder à la deuxième phase de l'Euro. Et pourtant… Un penalty de Rooney (4e, 1-0), et puis, plus rien. Les Anglais absents, les Anglais transparents, les Anglais inexistants. En à peine 10 minutes, Sigurdsson (6e, 1-1) et Sigthorsson (18e, 1-2) portent la vague bleue vers le tour suivant. « Nous avions une meilleure équipe sur le papier, mais nous ne l'avons pas prouvé sur la pelouse, siffle Wayne Rooney. C'est difficile à avaler et ça prendra du temps avant de s'en remettre. » « Mais c'est notre faute, admet le gardien de Manchester City, Joe Hart. On va se prendre des coups et on le mérite. On a bossé dur, mais sans succès et c'est ainsi qu'on se souviendra de cette équipe… »

Tellement amers et lucides, les Anglais, qu'on n'a guère envie de les enfoncer. Pour l'Islande, c'est presque devenu normal. « C'est difficile de nous marquer un but, explique Ragnar Sigurdsson. L'Angleterre ne s'est pas créé beaucoup d'occasions. Ils croyaient que ce serait un match facile, mais nous, on a vraiment confiance en nous. Je n'ai jamais été inquiet ni stressé, sauf peut-être dans les deux dernières minutes. Mais on aurait pu gagner sur un score plus large. » Ils sont fous, ces Vikings, les voilà dévorés par l'ambition ! Dire que la France est leur prochain adversaire…

« Plus forte que nous, oui, c'est la vérité sur le papier. Sur le terrain, c'est autre chose.

GIANLUIGI BUFFON

STARS
À DOMICILE

Le pays de Galles de Gareth Bale continue de créer la surprise tandis que le Portugal de Ronaldo poursuit son avancée dans le tableau. Il en va de même de l'Allemagne ; qui vient enfin à bout de l'Italie dans un tournoi majeur...

LE PORTUGAL À L'ARRACHE

Chacun est prévenu : les prestations de la Pologne et du Portugal dans cet Euro ont été marquées par une certaine solidité et un ennui relatif si l'on aime le football chatoyant et le jeu rapide à une touche de balle. L'opposition des deux nations en quart de finale promet donc une austérité que les faits ne démentent guère. Robert Lewandowski ouvre rapidement le score (2e, 1-0) mais ce qui pourrait être un signe de déblocage de la partie se trouve rapidement contredit par l'égalisation de Renato Sanchez (33e, 1-1). Dès lors, aucune des deux équipes ne veut perdre. Et arrive ce qui devait arriver : une séance de tirs au but, la deuxième d'affilée pour les Polonais après leur huitième de finale face aux Suisses tandis que les Portugais, eux, enchaînent avec une deuxième prolongation de rang après celle disputée contre la Croatie.

Les joueurs portugais ne tremblent pas lors de l'exercice, alors que Jakub Blaszczykowski manque le sien. Suffisant pour que la Pologne s'arrête là. « On a eu un peu moins de chance que contre la Suisse, reconnaît Robert Lewandowski. On est amers, on aurait pu faire les choses un peu mieux. Ça fait mal parce qu'on est éliminés sans perdre un match. » « Mais nos adversaires nous regarderont désormais différemment, enchaîne le sélectionneur Adam Nawalka. On a été à la hauteur, on n'a pas démérité. » Les Polonais relativisent et les Portugais exultent. Les voilà de nouveau en demi-finale d'un Euro pour la quatrième fois depuis 2000. « L'objectif est atteint, dit Ronaldo. C'est une nuit inoubliable : le rêve se rapproche et tout peut arriver maintenant. J'ai toujours dit que j'adorerais remporter un titre avec l'équipe nationale. » Après l'échec en finale, en 2004 face à la Grèce, la star du Real a peut-être une dernière opportunité, à 31 ans, mais il faudra pour cela battre le pays de Galles en demi-finale.

LE PAYS DE GALLES SUR SA LANCÉE

Comment résister aux Belges ? Leur effectif est un des plus impressionnants de ce championnat d'Europe et ils semblent s'être réveillés en huitième de finale face à la Hongrie (4-0). Le pays de Galles, même avec Gareth Bale, ne semble pas taillé pour débarrasser l'Euro de la nation qui occupe la deuxième place du classement FIFA derrière l'Argentine. D'autant que le Romain Nainggolan ouvre le score à la 13e minute (1-0). Williams égalise (30e) avant que Robson-Kanu n'enfume trois défenseurs dans la surface pour donner l'avantage aux Britanniques (55e, 1-2). Vokes, juste avant le coup de sifflet final, assure définitivement la qualification galloise. « C'est une désillusion, remarque le milieu

Le défenseur belge Denayer, au contact de Robson-Kanu, l'attaquant gallois.

> « J'ai toujours dit que j'adorerais remporter un titre avec l'équipe nationale.
>
> CRISTIANO RONALDO

de Saint-Pétersbourg Axel Witsel. On est tous abattus, on voulait montrer autre chose à nos fans et malheureusement, on rentre à la maison… »

Les Belges ont déçu et montré une constante nervosité que leur élimination ne dissipe pas. « J'ai dit ce que j'avais à dire dans le vestiaire, siffle Thibault Courtois après la rencontre. Nous avons commis les mêmes erreurs que contre l'Italie (0-2). Je dois peser mes mots, car je ne veux pas tout détruire. » À l'opposé, le coach gallois, Chris Coleman, salue la construction aboutie de son équipe. « Ce qu'on a vu ce soir, c'est l'unité et la solidarité de notre équipe, dit-il. C'est l'euphorie totale, c'est incroyable. » « On parle beaucoup de Bale lorsqu'on évoque notre sélection et c'est bien normal puisque c'est l'un des meilleurs joueurs du monde. Mais nous sommes une équipe complète avec beaucoup de qualités », dit Neil Taylor. La vraie belle surprise de ce championnat d'Europe, c'est donc le pays de Galles – qui sera privé en demi-finale d'Aaron Ramsey, suspendu.

L'ALLEMAGNE AU BOUT DU BOUT

Attendue comme un choc de titans, la confrontation entre Allemands et Italiens constitue un « must » pour les tacticiens et les DTN du monde entier. Partie d'échecs avec un sélectionneur allemand qui change de système et monte un bloc défensif à cinq pour résister aux Italiens et ne pas leur offrir trop d'espaces. Lorsque Mesut Özil ouvre le score (65e), nombreux sont ceux qui pensent l'affaire pliée tant l'Allemagne maîtrise le ballon. L'Italie, malgré ses vertus de courage, paraît incapable de se montrer vraiment dangereuse, hormis sur un coup de pied arrêté.

Justement, une étrange défense de Boateng qui lève les deux mains comme un basketteur dans sa propre surface, donne à la Squadra Azzurra un penalty transformé par Bonucci (78e). Le score ne changera plus, même après la prolongation. La séance de tirs au but est ensuite folle. Lorenzo Insigne est le premier à réussir, tout comme Kroos, mais Zaza, entré spécialement pour ça à la 120e minute, rate complètement la cible. Comme Müller en fait autant juste après, tirant mollement quasiment sur Buffon, les deux équipes restent à égalité et l'Italie reprend même l'avantage grâce à Barzagli. Özil trouve ensuite le poteau, Pellè se retrouve alors en situation de donner un break intéressant aux siens. Il chambre Neuer en mimant un genre de « panenka », mais, évidemment, il voit sa frappe passer à côté. Cela permet aux Allemands de revenir à 2-2 grâce à Draxler.

Neuer stoppe ensuite la tentative de Bonucci et Schweinsteiger est en position de qualifier les Allemands mais tire au-dessus. Après le passage des cinq premiers tireurs de chaque équipe, les deux nations restent à 2-2. Giaccherini, Parolo et Di Sciglio pour l'Italie, Hummels, Kimmich et Boateng, pour l'Allemagne, amènent le score à 5-5. Huit frappeurs sont déjà passés et le neuvième Italien s'avance : Darmian. Neuer est sur la trajectoire. Si Hector trompe Buffon, l'Allemagne passe en demi-finale, sa sixième d'affilée en grand tournoi depuis la Coupe du monde 2006. L'arrière de Cologne réussit, l'Italie est éliminée. « Nous avons montré que cette équipe est solide et les joueurs ont donné tout ce qu'ils avaient », se réjouit malgré tout Antonio Conte.

« C'était un match très pointu techniquement, mais on a finalement été meilleurs, estime Joachim Löw. Nos jeunes (Hector, Kimmich) ont été décisifs et sont restés calmes, ils ont assuré. » « Mais la chance a été avec nous, poursuit Manuel Neuer. C'était une guerre des nerfs et la séance n'a pas été facile. Je n'ai jamais pensé aux statistiques qui disaient que l'Allemagne n'éliminait jamais l'Italie en tournoi ni à celle qui dit que l'Allemagne gagne le plus souvent aux tirs au but. Même si cela nous a encore souri… » Voici les champions du monde sur le chemin de la France. Tout un programme.

RONALDO
PORTE LE PORTUGAL

Un but, une passe décisive : l'attaquant du Real Madrid s'est réveillé férocement en demi-finale. Pour le malheur de son coéquipier Gareth Bale et du pays de Galles.

Voilà que le Portugal revient en finale. Douze ans après avoir subi la loi des Grecs, à domicile, la sélection portugaise s'offre une nouvelle chance de sacrer Cristiano Ronaldo et de lui bétonner définitivement un palmarès hors normes. Pour cela, il a fallu éliminer le pays de Galles, plus convaincant depuis le début du tournoi, mais finalement moins solide.

D'ailleurs, sans Aaron Ramsey, les partenaires de Gareth Bale n'ont jamais vraiment semblé en mesure de créer la surprise en se qualifiant pour la finale dès leur première apparition dans une compétition majeure. Les Portugais, prudents en première période, comme à leur habitude, ont accéléré dans la seconde. Ainsi, dès la reprise, Ronaldo, s'élevant très haut au-dessus de la défense britannique, ouvrit le score de la tête (1-0, 50e). L'attaquant du Real Madrid fut ensuite passeur décisif sur le but de Nani, trois minutes plus tard (2-0, 53e).

Hop, affaire pliée. Sans regret majeur pour les Gallois. « Il restera des images exceptionnelles de ces sept semaines passées ensemble, affirme le sélectionneur, Chris Coleman. D'habitude, cela s'arrête au bout de huit jours. Cette demi-finale a peut-être été le match de trop, mais il faut féliciter les Portugais qui n'ont pas concédé d'espaces. » « Même si ce n'est pas toujours facile, nous savons la qualité de jeu que nous avons, convient le gardien portugais, Rui Patricio. Nous sommes venus en France pour ça : remporter le trophée. Nous voilà en finale. »

Comme en 2004, à domicile. « Lors de la précédente finale, tout était différent, prévient toutefois Ronaldo. J'avais 19 ans. J'espère finir celle-là avec le sourire. J'ai toujours rêvé de gagner quelque chose avec le Portugal, le rêve est là. Je suis au plus haut niveau depuis treize ans, les statistiques ne mentent jamais et c'est naturel d'en être là. » Convaincu qu'un destin, le sien, doit s'accomplir, voilà donc le triple Ballon d'or en route vers ce qu'il rêve d'être un triomphe au Stade de France. Est-il dans le vrai ?

« Même si ce n'est pas toujours facile. Nous sommes venus en France pour ça : remporter le trophée. Nous voilà en finale. »

RUI PATRICIO

Le vol CR7 en direction
de la finale du Stade
de France n'accuse
aucun retard.

10 juillet 2016, Stade de France, Saint-Denis

FRANCE-PORTUGAL : 0-1 (après prolongation)

LA DOUCHE FINALE

L'apothéose tant espérée n'aura pas lieu. Au Stade de France, le Portugal remporte son premier titre de champion d'Europe à l'issue d'une finale étouffante.

Dans la foulée du succès face aux Allemands en demi-finale, l'euphorie monte d'un cran. L'attente à l'égard de l'équipe de France se transforme en exigence folle : il va de soi que les Bleus vont gagner, que les Champs-Élysées leur sont promis et que 1998 est de retour. C'est sans doute l'apanage des nations qui manquent de constance de ne disposer que d'une seule référence. Celle-ci pèse de tout son poids sur les joueurs de Didier Deschamps.

Cette finale, qui se doit d'être une fête, ressemble avant même de commencer par un passage obligé vers le triomphe français. On pourrait penser que la sortie de Cristiano Ronaldo sur blessure est une bénédiction supplémentaire pour les Bleus. C'est plutôt l'inverse. Alors que le Portugal ne touchait pas beaucoup le ballon et, surtout, le perdait très vite, voilà que sans la star du Real Madrid, il rééquilibre son collectif. Toujours aussi rude, toujours autant compliqué à contourner. Pourtant, les Bleus arrivent parfois à porter le danger chez l'adversaire, mais ne cadrent pas.

Le temps passe et le gardien Rui Patricio sort une tête de Griezmann, une frappe sèche de Sissoko... Les Portugais, eux, ne se montrent quasiment jamais dangereux. On sent qu'ils attendent la prolongation. Une première fois, ils touchent la barre sur un coup franc de Guerreiro (108e). Et une minute plus tard, une frappe du Lillois Eder, à ras de terre, trompe Lloris sur sa droite (109e, 1-0). La France ne reviendra pas. Le Stade de France, abattu, assiste au sacre du Portugal, qui courait depuis toujours derrière un grand succès international. C'est aussi le couronnement de Cristiano Ronaldo, un peu plus d'un mois après avoir remporté la Ligue des champions. Contrairement à son grand rival Lionel Messi avec l'Argentine, il gagne enfin avec son équipe nationale. « Les joueurs ont réussi avec beaucoup d'humilité et de sacrifice, explique leur sélectionneur, Fernando Santos. Nous avons été simples comme des colombes, mais prudents comme des serpents. » Une formule qui colle bien au jeu des Portugais pendant cet Euro tant ils ont su avancer lentement, discrètement et mordre subitement quand il le fallait.

La blessure, du coup, est pour les Français. « La déception est là, elle est immense, reconnaît Didier Deschamps. Il faudra du temps pour la digérer. On a gagné ensemble, on a souffert ensemble. On perd ensemble. On a conscience que les Français ont vibré et ça aurait été magnifique de leur offrir le trophée chez nous. » Malgré ce revers, la France a confirmé ses progrès depuis son quart de finale de la Coupe du monde 2014. Elle est revenue dans le cercle des nations qui comptent et a révélé des talents comme Griezmann, Payet, Sissoko, Koscielny et même Lloris, qui a pris beaucoup d'assurance. Elle s'est réconciliée définitivement avec son public et si la victoire est belle, il est faux de dire que seul le résultat compte. Les Bleus resteront dans les mémoires pour cet Euro préparé dans les difficultés sportives, extrasportives et dans un contexte national lourd. Malgré cela, ils ont transcendé l'événement et rassemblé le pays derrière eux dans un flot d'émotions parfois contraires, souvent joyeuses. C'est déjà beaucoup.

Les Portugais Adrien Silva, Cristiano Ronaldo et Viehrina peuvent exulter, leur coéquipier Éder vient d'inscrire le but de la victoire.

LES TOPS

1 Cristiano RONALDO

Couronné

Même s'il a eu du mal à entrer dans son tournoi, à l'image du Portugal, Cristiano Ronaldo a été le leader de l'équipe championne d'Europe. Sa finale a été gâchée par le réveil de sa blessure au genou, mais dans la foulée de la C1 avec le Real, il a remporté son premier titre en sélection.

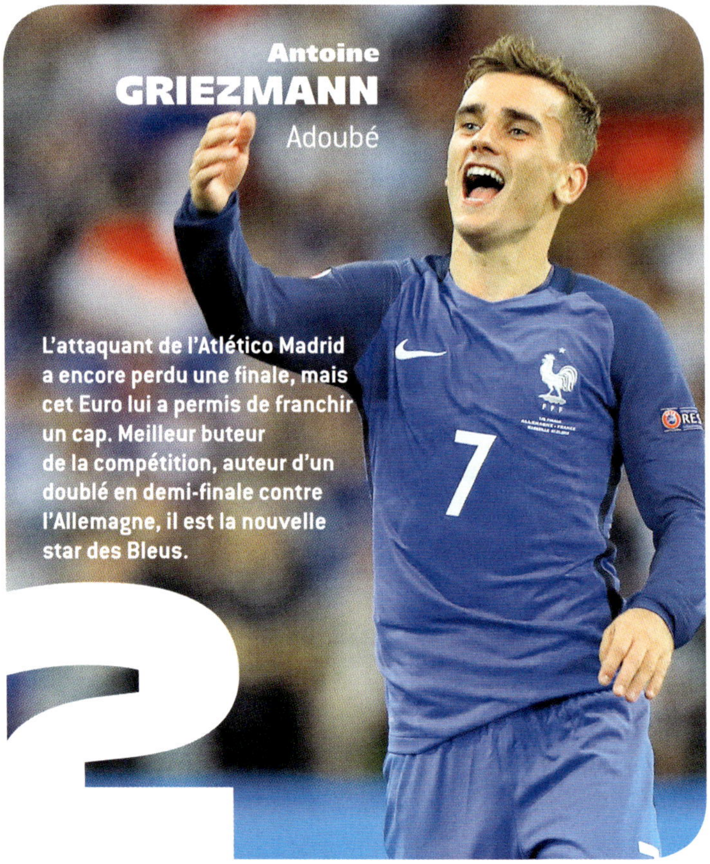

2 Antoine GRIEZMANN

Adoubé

L'attaquant de l'Atlético Madrid a encore perdu une finale, mais cet Euro lui a permis de franchir un cap. Meilleur buteur de la compétition, auteur d'un doublé en demi-finale contre l'Allemagne, il est la nouvelle star des Bleus.

3 Jérôme BOATENG

Rassuré

Le défenseur du Bayern Munich n'était pas toujours considéré à sa juste valeur, mais il a démontré une solidité et une sûreté technique pendant tout le tournoi. Sa faute de main contre l'Italie en quart fut finalement sans conséquence. C'est sa seule erreur dans un tournoi presque parfait.

4 Gareth BALE

Adoré

L'attaquant du Real Madrid s'est fondu dans le collectif du pays de Galles. Efficace, altruiste, il a été le symbole d'une équipe surprenante et agréable à voir jouer, notamment en quart de finale contre la Belgique.

5 L'ISLANDE

Adulée

La surprise de cet Euro. Quart de finale, supporters qui répandent leur clapping partout dans les stades et en dehors, le petit pays de 330 000 habitants s'est fait une place et un nom grâce à son équipe.

LES FLOPS

5 LA BELGIQUE

À la peine

Meilleure nation européenne au classement FIFA avant l'Euro, la Belgique comptait parmi les rares favoris de cet Euro avec l'Allemagne et l'Espagne. Elle a démarré doucement, semblé se réveiller en huitième, mais fut balayée en quart par les Gallois malgré ses vedettes (Hazard, De Bruyne, Courtois, Witsel). Grosse déception.

4 David ALABA

À la maison

Le défenseur du Bayern Munich incarnait la force de l'Autriche, censée effectuer son grand retour sur la scène internationale. Tantôt milieu, défenseur voire attaquant, David Alaba a pourtant figuré le tâtonnement de sa sélection, finalement éliminée dès le premier tour…

3 Zlatan IBRAHIMOVIC

À la retraite

L'ex-star du Paris SG n'a pas apporté grand-chose à sa sélection. La Suède a traversé le premier tour dans l'anonymat et Zlatan Ibrahimovic n'y a rien changé. Peu d'occasions de briller, peu de situations décisives. Et des adieux internationaux à Nice, en France donc.

2 Thomas MÜLLER

Au placard

Si brillant lors de la dernière Coupe du monde, l'attaquant-milieu du Bayern a été fantomatique. Il n'a jamais pesé lors des matchs de l'Allemagne, jamais marqué non plus.

1 L'ANGLETERRE

En enfer

Suscitant beaucoup d'attente, la jeune équipe d'Angleterre est passée à côté de son tournoi. Éliminée par l'Islande en huitième de finale alors qu'elle avait ouvert le score, elle a démontré, une fois de plus, qu'elle n'appartenait pas au gotha du foot européen.

26 juin 2016, MetLife Stadium, East Rutherford

CHILI-ARGENTINE : 0-0 (4 t.a.b. à 2)

ET MESSI
JETA L'ÉPONGE

L'information choc a totalement masqué la nouvelle victoire du Chili en Copa America. Quelques minutes après celle-ci, tout le monde ne parlait plus que de la décision de Lionel Messi, annoncée avec beaucoup d'émotion, de dire adieu à la sélection argentine.

L'image était saisissante. Le lutin argentin, barbu pour l'occasion, faisait plus vieux que son âge (29 ans). La finale de la Copa America venait de s'achever et une nouvelle fois, la quatrième, il s'était montré incapable de conduire son équipe au succès lors de l'ultime match d'une compétition majeure. Pour la seconde année consécutive, il avait buté sur les Chiliens qu'il regardait tristement jubiler dans de folles sarabandes, au bout d'une affreuse séance de tirs au but, au cours de laquelle il avait été incapable de cadrer sa frappe (0-0, 4 t.a.b. à 2).

Il est rarissime de pouvoir repartir dans ce genre de conquête un an seulement après un échec. Mais il s'agissait de fêter les 100 ans de la première Copa America, la plus ancienne de toutes les épreuves internationales. Pour l'occasion, cette compétition sud-américaine avait été bissée, élargie à tout le continent et confiée aux États-Unis.

C'est peu de dire qu'avant d'en arriver à ce déchirant dénouement, Messi et les Argentins s'étaient baladés. Après une « fausse » revanche contre le Chili en match de poules (2-1 sans Messi blessé au dos), ils avaient laminé le Panama (5-0), la Bolivie (3-0), le Venezuela (4-1 en quart) et les États-Unis (4-0 en demie). « La Puce » avait inscrit cinq buts, battant, avec 55 réalisations, le record du nombre de buts en sélection détenu par Gabriel Batistuta (54).

Après les échecs de la Copa 2007 (défaite 3-0 contre le Brésil), du Mondial 2014 (défaite 1-0 a.p. contre l'Allemagne) et de la Copa 2015 (défaite 0-0, 4 t.a.b. à 1 contre le Chili), le sortilège allait forcément être rompu.

Au bout d'un match sans grâce et étouffant, Messi avait cru faire la décision dans le courant de la prolongation en déposant le ballon sur la tête d'Agüero. Mais le gardien chilien Claudio Bravo, son coéquipier à Barcelone, avait effectué un arrêt miracle qui dessinait le tourment à venir.

« Je pense que l'équipe nationale et moi, c'est fini. Je crois que ma décision est définitive. C'est mieux pour tout le monde et aussi pour pas mal de gens qui le souhaitaient.

LIONEL MESSI

LA SUPPLIQUE DE MARADONA

Un peu plus tard, passant devant les journalistes argentins agglutinés, le quintuple Ballon d'or, désabusé et au bord des larmes, lâcha sa bombe : « Je pense que l'équipe nationale et moi, c'est fini. Je crois que ma décision est définitive. C'est mieux pour tout le monde et aussi pour pas mal de gens qui le souhaitaient. Ma décision est prise. Ça me fait mal de ne pas pouvoir être titré avec l'Argentine. »

Au passage, il égratignait ceux au pays qui doutaient de son attachement à la « seleccion » au motif qu'il avait quitté l'Argentine à 13 ans pour rejoindre l'Espagne, et les responsables d'une fédération minée par l'incurie et les scandales en tous genres.

Passée la stupéfaction, toute une nation voulut imaginer qu'avec son « je pense » ou son « je crois » il ne fermait pas définitivement la porte. « Ne t'en va pas », titra le quotidien sportif de Buenos Aires *Olé*. Le président de la République Mauricio Macri lui téléphona et son coéquipier et gardien de but sous le maillot ciel et blanc Sergio Romero déclara : « Il a parlé à chaud sous le coup de la déception. Je ne peux pas imaginer une sélection sans "Léo". » Jusqu'à l'encombrante icône Diego Maradona qui tonna : « Messi doit rester dans la sélection. Il doit aller en Russie en 2018 pour devenir champion du monde. »

Alors, l'Argentine 2018, avec ou sans Messi ? Les paris sont ouverts.

Messi et l'Albiceste, une histoire contrariée.

NICE
COTE
AZUR
VILLE DE
NICE
OGC
NICE
LIGUE 1

Coupes et championnat de

FRANCE

PARIS CASSE LA BARAQUE

On n'avait jamais vu ça. Sacré à huit journées de la fin avec au bout du compte 31 points d'avance sur son dauphin, le PSG a atomisé un championnat où Lyon a fini par tirer son épingle du jeu, tandis que l'OM vivait dans la crise la plus sombre des saisons.

Évidemment, ce n'était pas le scénario envisagé. Paris champion, forcément. Mais personne sur la ligne de départ ne pouvait imaginer une aussi écrasante domination. Avec Bielsa le fou aux manettes, Marseille allait forcément surmonter les départs de Gignac, Thauvin, Payet, Imbula, Morel, André Ayew et Fanni. Les paris sur Diarra (436 jours sans jouer pour une histoire contractuelle) et Diaby (des années de blessures en bandoulière) pouvaient s'avérer gagnants. Avec son duo magique Fekir-Lacazette renforcé par Valbuena débarqué de Russie, Morel, Darder l'Espagnol ou Beauvue la perle de Guingamp, Lyon ne pouvait que faire des étincelles. On ne comprenait rien aux gesticulations d'un Monaco devenu une sorte de supermarché des transferts de jeunes joueurs, mais ça restait tout de même Monaco.

A priori, le danger qui menaçait la L1 n'était pas parisien, mais anglais, cette richissime Angleterre pilleuse de nombreux talents. Un exemple ? Les 13 millions d'euros versés à Nice par Aston Villa pour le défenseur Jordan Amavi.

Mais c'est bien de l'autre côté de la Manche, à Manchester United, que le PSG va chercher sa nouvelle star, l'Argentin Ángel Di María, pour 63 millions d'euros, appréciez la différence.

Paris, toujours Paris, qui remplace son gardien italien Sirigu, expédié sur le banc, par l'inconnu allemand Kevin Trapp et gère tranquillement les états d'âme d'un Thiago Motta en quête d'un meilleur contrat. Pendant ce temps, les bouderies d'un Lacazette, dépité de constater que Valbuena est mieux payé que lui, mettent le feu au vestiaire lyonnais.

Du coup, personne n'est surpris quand, à Montréal, Paris conserve le premier de ses quatre titres, le Trophée des champions, face à l'OL (2-0, buts d'Aurier et de Cavani). « Il y a trop d'écart entre les deux équipes », constate Hubert Fournier, l'entraîneur lyonnais. Il ne croit pas si bien dire.

UN LEADER NOMMÉ ANGERS

Blessé, Ibrahimovic est absent du match d'ouverture à Lille, où Rabiot se fait expulser dès la 28e minute. Ce qui n'empêche pas le tenant du titre de s'imposer (1-0) grâce à Lucas. Jamais Paris n'avait remporté son premier match depuis l'arrivée des Qataris à sa tête. « C'est une très bonne soirée avec de l'envie et de la solidarité. C'est de bon augure pour la suite », se réjouit Laurent Blanc.

L'événement, le coup de tonnerre, de cette entame survient deux jours plus tard au Stade Vélodrome de Marseille. Certes, la défaite contre Caen (1-0, but de Delort) fait désordre, mais beaucoup moins que l'annonce faite par Bielsa dans la foulée (voir encadré).

Silva, capitaine déjà comblé.

Gilles Sunu et le SCO d'Angers mènent grand train.

Dans ces conditions, personne ne remarque que le promu Angers, vainqueur à Montpellier (2-0), est le premier leader de la saison. En dehors du PSG, il n'y en aura pas d'autre. Sans Zlatan ni Di Maria, Paris déroule contre Ajaccio. Matuidi (11e) et Thiago Silva (21e) scellent très vite le sort de la rencontre. « On n'est pas encore au top physiquement », reconnaît Blanc. Caen, vainqueur de Toulouse (1-0), talonne les Parisiens, tout comme Reims qui enfonce un OM désespérant (1-0) que coache Franck Passi, en attendant l'arrivée de l'Espagnol Michel, une ancienne gloire du Real Madrid, qui vient de s'engager pour deux saisons. L'attaquant Alessandrini est désabusé : « Ça va être dur si quelqu'un vient encore avec un traducteur et tout et tout. » De l'OM pur jus.

C'est toujours sans Zlatan que le PSG s'impose à Montpellier (1-0) grâce à un nouveau but de Matuidi (60e). Il est désormais seul leader. Trapp découvre la Ligue 1 : « Nous n'avons pas été très bons. Ce n'est pas facile de jouer contre ces équipes. »

Avec sa triplette Lacazette-Fekir-Valbuena, l'OL s'incline à domicile contre Rennes (1-2). L'ambiance est morose sur les bords du Rhône et Fournier s'en désole : « Je suis assez surpris. Ils devraient être heureux, ces jeunes garçons. » Le gardien Lopes tire le signal d'alarme : « C'est encore plus inquiétant que la saison dernière car la quasi-totalité de l'effectif est apte. »

Pour la première de Michel et de Lassana Diarra, l'OM, à domicile, met le paquet contre Troyes (6-0). Michel la joue modeste : « Ce qu'on a vu n'est pas dû au coach, car le mérite en revient aux joueurs. On ne peut pas mieux jouer que ce qu'ils ont fait. »

Mais l'OM ne peut pas moins bien jouer qu'à Guingamp, où il s'incline dans la foulée (2-0). Michel est interloqué : « On savait où ils pouvaient nous faire mal et on est allés où ils nous ont fait mal. On n'a pas compris leur jeu. » La semaine suivante, Marseille se rebelle dans son stade contre Bastia (4-1). Il s'agit

BIELSA, le coup de massue

Bien sûr, l'affaire du contrat de Marcelo Bielsa avec l'OM a traîné toute l'intersaison dans un grand jeu de signera-signera pas. Mais à quelques jours de l'ouverture, tout semble réglé. Même si son préparateur physique Jan Van Winckel, arrivé dans ses bagages, vient de démissionner.
En conférence de presse, avant le premier match contre Caen, Bielsa a déclaré : « Nous sommes tombés d'accord avec le président. Toutes les décisions ont fait l'objet d'un consensus entre le président et moi. J'ai évalué le projet et il m'a paru convaincant. »
Virement de bord total après la défaite : « Un accord contractuel avait été trouvé. J'ai découvert que des points avaient été changés. Ce n'est pas lié au financier ou au domaine sportif. La confiance est rompue. »
Bielsa démissionne et s'en va illico presto. L'actionnaire Margarita Louis-Dreyfus est forcément passée par là, mais quand même, quel choc incroyable ! Le capitaine Mandanda parle d'un « coup de massue ». Voilà l'OM orphelin de son « loco » adoré.

d'un chant du cygne. Nous sommes le 13 septembre 2015 et les spectateurs du Vélodrome ont bien fait d'apprécier. C'est un calvaire qui commence.

MARTIAL, UN GAMIN À 80 MILLIONS

Tout le contraire du PSG qui s'impose sans trembler à Monaco (3-0) avec Ibrahimovic enfin de retour, et Di Maria sur le banc. Quand l'Argentin entre en jeu (66e), Cavani a déjà ouvert le score (57e). Di Maria offre une passe décisive à Lavezzi (83e) après que Cavani a doublé sa mise (73e). Face à un grand Paris, le nouveau projet monégasque a pris le bouillon. « On a pratiquement eu la maîtrise durant 90 minutes, se réjouit Blanc. Ce qu'on arrive à faire est intéressant. »

Le lendemain, Monaco joue à qui perd gagne en vendant son jeune attaquant Anthony Martial (pas encore 20 ans) à Manchester United pour 80 millions (50 millions net plus 30 millions de bonus éventuels). « Plus cher que Zidane », titre *L'Équipe*, en référence au transfert de Zizou de la Juventus au Real pour 74 millions en 2001. Pour faire bonne mesure, Monaco cède également son défenseur Abdennour à Valence pour 30 millions tandis que le dernier jour des transferts l'OM recrute les dénommés Rolando, Isla et De Ceglie, pas de quoi rêver.

C'est au Parc des Princes que Paris lâche ses premiers points, en raison d'une énorme faute de pied de Trapp qui offre l'égalisation au Bordelais Khazri (2-2, deux buts de Cavani). « Je ne sais pas quoi dire. Ça peut arriver. C'est ma faute. Je suis désolé. Je dois m'excuser », bredouille le gardien allemand.

Avant de se rendre à Marseille, l'OL, sans Fekir blessé avec les Bleus, est accroché (0-0) chez lui par Lille désormais entraîné par Hervé Renard et qui affiche trois 0-0 au compteur en 5 matchs avec un but inscrit et un but encaissé ! Vive la Ligue 1 !

« Ce nul nous oblige à faire un résultat à Marseille », explique Fournier. Ce soir-là, la honte s'invite au Stade Vélodrome où Valbuena reçoit le pire des accueils de la part de ses anciens supporters et même des joueurs. C'est pour un tacle méchant sur le meneur de jeu de l'OL qu'Alessandrini est expulsé. L'arbitre doit interrompre le match plus de 20 minutes quand ce même Valbuena est empêché de tirer un corner par des jets de projectiles. À l'arrivée, on parle très peu du score (1-1) et énormément des incidents.

Le président de l'OM Vincent Labrune pousse le bouchon drôlement loin en déclarant : « Le stade est formidable. Il y a eu des faits de jeu qui ont conduit à deux ou trois dérapages. » Le président de l'OL Jean-Michel Aulas se retrouve dans son rôle préféré de victime : « Les conditions du match ont été insupportables. J'ai dit à Vincent Labrune qu'il était un guignol et qu'il

Martial prend Aurier à contre pied, Paris et Monaco se neutralisent.

ne durera pas aussi longtemps qu'il le croit dans le football. Rien n'a été contrôlé, tout était prémédité et ça a duré jusqu'à la fin. » Ambiance.

Forcément, cette triste soirée fait presque oublier le match nul du PSG à Reims où Cavani égalise (84e) immédiatement après l'ouverture du score de Siebatcheu (83e). « On a rêvé 12 secondes », soupirera le président rémois Jean-Pierre Caillot. Après six journées, le PSG n'a qu'un point d'avance sur Rennes et Saint-Étienne.

Mais nous sommes là dans l'illusion d'optique. Sans flamber, mais avec un Zlatan décisif et impliqué sur les trois buts, Paris écarte Guingamp (3-0). Di Maria a ouvert son compteur personnel. « Nous avons eu trop de déchets techniques en première mi-temps, regrette Blanc. On peut faire beaucoup mieux. » Vainqueurs à Troyes (1-0), les Verts gardent la roue du leader parisien. Et Nice se balade face à Bordeaux (6-1, deux buts de Ben Arfa). L'entraîneur girondin Willy Sagnol parle d'une « humiliation ».

NICE, LE TUBE DE L'AUTOMNE

Si l'OM se distingue à Toulouse (1-1), c'est parce que Batshuayi égalise à la dernière minute et que son défenseur Mendy entré en jeu à la 77e minute est expulsé 49 secondes plus tard. L'OL est à peine plus serein. Il bat Bastia réduit à dix toute la seconde période (2-0) avec un premier but inscrit par le jeune (18 ans) Aldo Kalulu.

La vérité d'un jour n'étant évidemment pas celle du lendemain, c'est à Bordeaux que l'OL craque ensuite (3-1). Avant la rencontre, dans un entretien accordé à *L'Équipe*, Lacazette a souligné la fracture avec son président et n'a pas plus épargné son entraîneur. Lyon vit des jours sombres.

Ce n'est pas le cas du PSG. Mené à la mi-temps à Nantes, il dévore les Canaris en seconde période (4-1). « C'est la pire période depuis que je suis à Paris, c'était catastrophique », affirme Pastore à propos de la première mi-temps.

Paris s'envole au classement puisque Saint-Étienne explose à domicile contre d'épatants Niçois (4-1, deux buts de Ben Arfa). Avec son joyau offensif et son milieu de terrain petit format (Koziello, Mendy, Seri), Nice régale.

Ce n'est pas le cas de l'OM qui s'incline à domicile contre Angers (2-1). « C'était triste dans le contenu, l'engagement et le résultat. Il faut changer tout ça, sinon on n'ira pas bien loin cette saison », prophétise Mandanda.

À l'heure du clasico, l'OM fait profil bas. Et s'il ne fait pas mauvaise figure, il s'incline une nouvelle fois au Parc des Princes (2-1), sa huitième défaite consécutive contre le PSG. Un arrêt réflexe de Trapp devant Cabella (90e) a préservé le succès parisien acquis sur deux penalties de Zlatan (41e et 44e) obtenus après l'ouverture du score de Batshuayi (30e). Au passage, avec désormais 110 buts officiels sous le maillot du PSG, Ibra bat le record du Por-

Ben Arfa, leader technique d'un OGCNice séduisant.

tugais Pauleta (109 buts). « Mes joueurs ont évolué à un grand niveau, estime Michel. Il y a 90 % de frustration et 10 % d'espoir pour la suite. »

Après un très court succès face à Reims (1-0, but de Lacazette), l'OL arrache le nul à Monaco (1-1, égalisation de Rafael à la 84e minute). Les deux challengers présumés du PSG ne sont pas au mieux. « On ne joue qu'une mi-temps sur deux, nous n'avons pas encore produit de match référence », regrette Lacazette. Quant à l'OM, il navigue en eaux troubles à la 16e place après son match nul à domicile contre Lorient (1-1). « On parle souvent de la confiance qu'il faut donner aux joueurs, soupire Michel, mais quand on veut jouer dans un grand club, la confiance il faut aussi aller la chercher soi-même. »

Nice ne manque pas de confiance. Il s'impose à Rennes (4-1). Nice est le tube de l'automne. « On veut continuer l'aventure, affirme Puel, et on verra où ça nous mène. »

En déconfiture en Ligue des champions, l'OL ne sait plus où il habite. « L'attaque, le milieu, la défense, il y a beaucoup de paramètres à revoir de A à Z. Il y a tout qui ne marche pas », clame son défenseur Yanga-Mbiwa. La charge est féroce. « C'est un peu grossier comme raccourci », répond Fournier. La victoire contre Toulouse (3-0) détend un peu l'atmosphère. « Les nouveaux sont récompensés de leur investissement, explique Fournier. Je pense qu'il y en a dans le vestiaire qui ne leur ont pas fait de cadeaux. » Encore une façon d'appuyer là où ça fait mal.

LACAZETTE, UN TRIPLÉ POUR UN ADIEU

Paris n'a pas ces soucis. Il pulvérise Saint-Étienne (4-1). Tout le monde a compris que le cavalier seul était inévitable. Bien qu'ayant concédé le nul chez lui contre Caen (0-0), Angers est seul deuxième. Un dauphin qui a inscrit 12 buts en 11 matchs et n'en a encaissé que 6. Pas drôle la Ligue 1 !

Plus à l'aise loin de ses bases que dans son stade, l'OM s'impose à Lille (2-1). « Ça fait plusieurs fois qu'on dit que c'est le début de quelque chose, donc on va éviter », déclare le très prudent Alessandrini auteur du but victorieux.

Après le difficile succès à Rennes (1-0, but de Di Maria), Blanc se lance dans une analyse prémonitoire : « Il faut augmenter notre niveau en L1 si on veut améliorer notre niveau en C1. »

Loin derrière Paris, les petits bonheurs côtoient les malheurs qui, eux, sont toujours grands. Après la victoire à Nantes (1-0, but de l'ancien Nantais Nkoudou), Michel est ravi : « On suit notre chemin », dit-il. Après la défaite à Ajaccio (2-0), Sagnol est déprimé : « C'est parfois mieux de déclarer forfait », soupire-t-il. Lyon est entre deux eaux. Pénible vainqueur à Troyes

Beauvue se faufile
entre Clement et Lemoine.

Le Toulousain Alban Lafont,
plus jeune gardien de l'histoire
du championnat de France.

(1-0, un penalty de Beauvue), il accède pourtant à la deuxième place à égalité avec Angers et Saint-Étienne, mais à 10 points déjà de Paris.

Écart maintenu après la 13e journée qui voit le PSG atomiser Toulouse (5-0, un doublé d'Ibra) et l'OL punir Saint-Étienne (3-0) dans le dernier derby de l'histoire disputé au stade Gerland avant le grand déménagement au Stade des Lumières. Auteur d'un triplé, Lacazette est sur un nuage : « J'ai vécu un rêve. Plusieurs fois, je me suis imaginé faire un triplé dans un derby à Gerland. Mais je n'ai jamais pensé que ce serait pour le dernier derby ici. »

Rien de nouveau sous le soleil marseillais avec une nouvelle défaite à domicile contre l'insatiable Nice (1-0). « Je suis plus déçu que préoccupé, confesse Michel. On n'a vraiment pas bien joué. » Tandis que Lille va poursuivre la saison avec Frédéric Antonetti sur le banc à la place de Renard, la 14e journée se déroule sous le signe du recueillement et sans supporters adverses dans les stades après les affreux attentats qui ont endeuillé Paris et tout le pays. Nice avance en matraquant l'OL (3-0). « C'est une grosse déception, confesse le président Aulas, parce qu'on avait l'impression au bout d'une demi-heure qu'on allait gagner. On a manqué d'agressivité. » « On prend beaucoup de plaisir à jouer ensemble », explique Koziello. Sur le terrain, ça se voit.

Après sa victoire à Lorient (2-1) et ce commentaire de l'entraîneur du cru Sylvain Ripoll : « Contre Paris, il y a ce qu'on prévoit de faire et ce qu'on peut faire », le PSG caracole avec 13 points d'avance. En porte-parole de tous les joueurs professionnels, le défenseur parisien Van der Wiel déclare : « C'était bizarre et dur de jouer. On se sentait mal pour les Parisiens et les Français. »

LAFONT, UN GARDIEN DE 16 ANS

Christophe Galtier se sent mal lui aussi, mais la défaite à domicile (2-0) contre un OM aussi irrésistible à l'extérieur qu'il est impuissant chez lui n'y est pas pour rien. « Ça fait mal à la tête », lâche-t-il. « Il faudra réussir à transposer ça au Vélodrome », affirme Michel, le doux rêveur.

En matière de mal de crâne, c'est l'OL qui fait le plus fort. Après une piteuse défaite européenne contre La Gantoise, les Gones déraillent à Gerland contre Montpellier (4-2). « C'était un Lyon un peu fatigué physiquement et psychologiquement », estime Rolland Courbis, l'entraîneur vainqueur. Son collègue Fournier évoque « un naufrage collectif et un sentiment de honte ».

La victoire de Toulouse contre Nice (2-0) n'est pas anecdotique pour au moins deux raisons. D'abord parce qu'elle freine les redoutables Aiglons, ensuite parce qu'elle marque les débuts dans la cage toulousaine d'Alban Lafont, 5e gardien du club, 1,93 m sous la toise, mais seulement 16 ans et 10 mois.

« J'ai vécu un rêve. Plusieurs fois, je me suis imaginé faire un triplé dans un derby à Gerland. Mais je n'ai jamais pensé que ce serait pour le dernier derby ici. »

ALEXANDRE LACAZETTE

Pour l'anecdote, on peut retenir que le PSG a battu Troyes (4-1), mais surtout que ses premiers poursuivants s'appellent Caen, 2e à 13 points, et le promu Angers 3e à 15 points, preuve que quelque chose ne tourne pas rond dans le royaume de France. De quoi rendre jaloux l'OM tenu en échec chez lui par Monaco (3-3) et encore plus Bordeaux en déroute à domicile contre Caen (4-1). « On vit des moments insupportables », soupire le président Jean-Louis Triaud.

À Paris, on ne se formalise pas plus que ça d'un match nul à Angers (0-0) face à une formation un peu « tue l'amour foot » avec ses 14 buts marqués et 9 encaissés en 16 matchs. L'entraîneur Stéphane Moulin a pourtant le droit de se réjouir : « À mes yeux, ce nul est une victoire à un point. » Mais Trapp est déboussolé : « Ces matchs-là sont durs et pas amusants. »

Pas amusant non plus le surplace de l'OL à Nantes (0-0) : « J'ai vu des attitudes qui ne conviennent pas, râle le président Aulas. Je vais reprendre les choses en main. » Après une énième défaite, à domicile contre Toulouse (3-0), l'entraîneur de Troyes Jean-Marc Furlan, aucune victoire au compteur, est viré. Le directeur du centre de formation Claude Robin le remplace. Pas de surprise à Rennes, où l'OM, formidable produit d'exportation, s'impose (1-0),

« Et si c'était Nice ? » interroge *L'Équipe* en gros titre de « une » à l'aube du déplacement des Parisiens sur la Côte d'Azur. L'OGCN a le profil pour être le premier tombeur de Paris, mais Paris s'impose pourtant haut la main. Il mène déjà 1-0 (Cavani) quand il obtient un penalty juste avant la mi-temps, expulsion de Hult à la clé. Double peine, puisque Zlatan le transforme avant de remettre ça à l'heure de jeu (3-0). Puel évoque « de l'amertume, de la frustration, de la déception ». Blanc encense Zlatan : « Quand je vois certains douter de ses qualités, c'est ne pas connaître le football. »

C'est bien connaître le football que de ne pas s'étonner de la défaite contre Angers (2-0, doublé de N'Doye) d'un OL en perdition pour son dernier match de Ligue 1 à Gerland. La fête est affreusement gâchée. Fournier devine la suite : « Je ne suis pas dans cette optique, mais si à un moment on a une discussion avec le président et que c'est moi le problème, on se mettra d'accord. »

LYON RETROUVE LA LUMIÈRE

C'est maintenant l'heure du condamné pour l'OL qui se déplace à Paris et prend forcément une rouste (5-1, doublé de Zlatan). Encore a-t-il fallu une nouvelle énorme faute de main de Trapp pour permettre à Ferri de marquer. Rien de nouveau à Marseille qui sur son sol concède le nul à Ajaccio (1-1). « On a commis des erreurs indignes d'une équipe qui veut être plus haut au classement », soupire Michel.

Noël approche et Monaco émerge à tout petits pas (1-0 contre Saint-Étienne puis 0-0 à Troyes pour finir l'année sans beauté). C'est suffisant pour virer en deuxième position à 19 points du PSG qui déroule à Caen (3-0, doublé de Di Maria). Le gardien normand Vercoutre est dépité : « Quelque part on espérait qu'ils soient un petit peu démobilisés avant les vacances. On les voyait déjà chacun dans leur jet. »

Pas de jet pour les Lyonnais, en pleine débandade, mais un tortillard qui mène en enfer du côté d'Ajaccio où ils s'inclinent (2-1). Fournier a compris que son voyage s'arrêtait là : « Je n'en veux pas à mes joueurs, dit-il. Ils ont essayé. Ils ont mis de la bonne volonté. » Il sera remplacé à la trêve par son adjoint Bruno Genesio, 49 ans et 33e saison au club. Rolland Courbis profitera, lui, des vacances pour migrer de Montpellier vers Rennes à un poste très éphémère de conseiller du président.

L'an neuf ne modifie pas la tendance en haute altitude. Le PSG expédie Bastia (2-0) avec des buteurs originaux (Thiago Motta et Maxwell). À Lyon, c'est la fête pour l'inauguration en grande pompe du Stade des Lumières avec 58 000 personnes. Par chance, l'adversaire est complaisant. Première équipe dans l'histoire à avoir terminé le cycle aller sans aucun succès, Troyes ne pèse pas lourd (4-1). Lacazette est le premier buteur du nouvel écrin.

Rien de nouveau sous le soleil marseillais avec un nul à domicile (0-0) contre Guingamp (« c'était catastrophique, on n'a rien produit », se désole Mandanda), tandis qu'Angers, victorieux de Caen (2-0), chipe la deuxième place à Monaco ralenti chez lui par Ajaccio (2-2). Les Angevins sont 2es à 20 points du PSG après 20 journées. Un gouffre.

LES VERTS GAGNENT LE 100E DERBY

De 20 à 21, il n'y a qu'un point que le PSG grappille grâce à son pénible succès à Toulouse (1-0, but de Zlatan, 73e). « C'est une victoire acquise dans la difficulté et celle-là, je l'apprécie beaucoup », déclare Blanc. Pendant ce temps, Angers s'incline in extremis à Nice (2-1, deux penalties de Ben Arfa, 80e et 84e). Le double buteur est sans pitié : « C'est bien d'être là où ils sont, mais quand même, de jouer au foot comme ça, je ne sais pas comment ils prennent du plaisir. »

Le 100e derby en Ligue 1 entre Saint-Étienne et l'OL tourne à l'avantage des Verts (1-0) grâce à un but de leur nouvel attaquant danois Soderlund. Genesio est dans les cordes : « On a dominé le match du début à la fin. Avec un nul, on aurait été déçus. Malgré tout, je reste plein d'optimisme. » Galtier est lucide : « Gagner le 100e derby restera dans les annales. Ce qui ne restera pas dans les annales, c'est notre manière de jouer. » Les deux ont tout bon.

Pas de surprise à Caen où, loin de la pression de son stade, l'OM s'impose tranquillement (3-1). Mais il est encore loin au classement des 19 équipes « normales » que domine de nouveau Monaco après son succès à Lorient (2-0). Lorsque Rennes accueille Ajaccio pour le compte de la 22e journée, c'est avec un nouveau coach. Philippe Montanier n'a pas survécu à une élimination en Coupe de France contre Bourg, et Courbis a changé de casquette. Avec la chance du débutant. Les Bretons s'imposent (1-0) grâce à un but du défenseur corse Filippi inscrit contre son camp dans le temps additionnel. « Je ne sais pas ce que je peux apporter si ce n'est d'être un porte-bonheur », clame le transfuge avec son habituelle faconde.

Le PSG n'a pas besoin de porte-bonheur. Le talent de ses joueurs lui suffit. Le troisième but de sa large victoire contre Angers (5-1, un doublé de Di Maria) est un pur chef-d'œuvre collectif conclu par Van der Wiel. Ce PSG-là est trop grand pour la France.

Tandis qu'à Lille Troyes remporte enfin son premier succès de la saison (3-1), Monaco s'impose contre Toulouse sur un score inhabituel (4-0). « Pour une fois, la manière a changé », constate Jardim. L'affrontement sans éclat de l'OL et de l'OM (1-1) laisse les deux camps dans l'espoir. « On est sur le bon chemin, estime Genesio. On peut encore atteindre l'objectif de la 2e place. » « On a été à la hauteur », se réjouit Michel. Avec chacun 30 points (quand le PSG en compte 60) et à 9 points de Monaco, les deux Olympiques vont commencer à suivre des routes très différentes.

Plombé par quatre défaites de rang, le duo Pascal Baills-Bruno Martini, qui avait pris le relais de Courbis sur le banc de Montpellier, doit s'effacer. Frédéric Hantz le remplace et débute par un tonitruant succès à Ajaccio (4-0). La Corse sourit moins à l'OL qui s'incline à Bastia (1-0, but de Brandao). « À un moment donné, on n'a que ce qu'on mérite », soupire Genesio. Dommage, car Monaco s'effondre à Angers (3-0, un doublé de N'Doye), dont l'entraîneur Stéphane Moulin refuse d'être suspecté d'avoir modifié son système : « Les gens vont dire qu'on a été plus offensifs que d'habitude, mais c'est faux, archifaux. C'est juste que tout a super bien fonctionné. » En voilà au moins un qui assume.

Le vert Soderlund prend de vitesse
Yanga-Mbiwa, le Lyonnais.

Ben Arfa à Nice, la renaissance d'un talent hors norme.

Au Stade Vélodrome, c'est un gamin de 20 ans, Antoine Rabillard, qui sauve l'OM d'une nouvelle désillusion en égalisant dans le temps additionnel (90e+6) du match contre Lille (1-1). « Vu la physionomie du match, c'est comme une défaite », estime Cabella.

BEN ARFA MARQUE ET AGACE

Au stade Geoffroy-Guichard, c'est Zlatan Ibrahimovic qui scelle d'un doublé la victoire du PSG (2-0), le 32e match consécutif en Ligue 1 du club parisien sans défaite, record de Nantes (les 32 premiers matchs de la saison 1994-1995) égalé. Des banderoles anti-Qatar (« Argent sale accepté, libertés bafouées, classes populaires écartées, bienvenue au PSG ») ont plombé l'atmosphère.

Le mercato d'hiver se termine comme d'habitude dans l'urgence. Pour Thauvin, en panne à Newcastle, ce sera une pige à l'OM où débarque également l'avant-centre écossais de Sunderland Fletcher. Le Portugais Eder rejoint Lille et Mathieu Debuchy débarque à Bordeaux en provenance d'Arsenal.

Avec Rabillard titulaire, l'OM s'impose à Montpellier (1-0, but de Nkoudou). Entré à la 59e minute, Thauvin est ressorti à la 69e après avoir reçu un carton rouge. On a connu retour plus flamboyant.

Pour les débuts de Debuchy, Bordeaux prend une gifle à Lyon (3-0, un doublé de Lacazette) qui ne s'est pas promené. « La réussite se provoque. On l'a eue, tant mieux pour nous », constate Genesio.

À Monaco, l'ASM présente son nouvel attaquant Vagner Love (31 ans) à son maigre public. Le Brésilien ne marque pas, mais Monaco s'impose (2-0). Paris expédie les affaires courantes contre Lorient (3-1) et s'attire ce compliment de Sylvain Ripoll : « On ne peut qu'être admiratif de ce que fait le PSG. »

À Nice, contre Toulouse (1-0), Ben Arfa fait encore la différence en inscrivant l'unique but du match. Mais son individualisme sur l'action dérange. « Il a choisi de jouer seul et tant mieux s'il a marqué, mais il y avait mieux à faire », lui reproche son capitaine Mendy. Bizarre.

Voilà que se profile un derby de la Côte qui oppose Monaco (2e) à Nice (3e), un cas de figure qui n'était pas survenu depuis très longtemps et qui tourne à l'avantage des joueurs de la Principauté. Réduits à dix après l'expulsion de Dirar, ce sont eux qui font la différence en fin de match grâce à Bakayoko (81e). Jardim est revanchard : « D'après les spécialistes, Nice était meilleur que nous dans tous les domaines sauf peut-être le gardien. Ce n'est pas exactement ce que j'ai vu. Notre victoire est méritée. » Puel pense le contraire : « On a fait le jeu, on a malmené cette équipe, on méritait autre chose. J'ai les boules. »

L'OL menait déjà 1-0 à Angers quand il a profité du carton rouge de l'Angevin Mangani (16e). La suite fut tranquille (3-0). Le président Aulas demeure prudent : « Aujourd'hui on est lancés, mais c'est souvent à ce moment-là que le train loupe la gare. »

Autre naufrage à domicile, celui de Bordeaux contre Saint-Étienne (4-1). « Encore une soirée dure à vivre, soupire Sagnol. Saint-Étienne a été une équipe très disciplinée quand nous avons été tout le contraire. »

QUAND L'OM FAIT SOUFFRIR PARIS

Ici une devinette. Quel entraîneur déclare : « Je nous ai trouvés en difficulté. Surtout en seconde période où nous avons souffert physiquement. Il y a eu beaucoup de déchet technique. Nous n'avons pas monopolisé le ballon comme d'habitude. » ? Réponse : Laurent Blanc ! Après une défaite ? Non, après une victoire !

Car si l'OM a chuté une nouvelle fois à domicile, il a au moins l'excuse d'avoir accueilli le PSG et d'avoir bien joué malgré le revers (2-1). Zlatan a marqué d'entrée (2e), Cabella a joliment égalisé (25e) et Di Maria a fait la différence (71e). Le match a été on ne peut plus calme. L'arbitre n'a sifflé que 17 fautes. « On a montré un beau visage. On a été conquérants, mais dans le foot, ce qui compte à la fin, ce sont les points », regrette Diarra.

L'OM enchaîne avec un petit match nul à Nice (1-1). Batshuayi a beaucoup vendangé. Michel le pointe du doigt : « Je ne sais pas si Michy a un problème dans la tête, mais vu le nombre d'occasions qu'il a eues, on doit gagner ce match. » Sévère, mais juste.

Ça va beaucoup mieux à l'OL qui exécute Caen (4-1) et apprécie le résultat nul (1-1) de Monaco à Saint-Étienne. Lyon est encore à 7 points de Monaco. Le PSG-Lille qui précède le match aller de C1 contre Chelsea est forcément un brouillon (0-0) que tout le monde aurait oublié s'il n'avait pas été le prélude de la lamentable affaire Aurier (voir encadré).

Paris reprend ses esprits pour battre Reims (4-1, un doublé de Zlatan). Blanc est admiratif : « Zlatan est dans une forme éblouissante. Qu'il reste comme ça, voilà ! » En Ligue 1, Laurent Blanc n'a aucun mouron à se faire. Ce n'est pas le cas de son collègue Michel, sauvé d'un nouveau désastre (1-1) au bout du match à domicile contre Saint-Étienne quand Batshuayi égalise (90e+4). « Moi en danger ? interroge faussement niais le coach espagnol. Je n'y pense pas. Jamais. » D'autres y pensent pour lui. Après la défaite de l'OL à Lille (1-0), Genesio est perplexe : « Je ne sais pas pourquoi les joueurs se sont montrés aussi nerveux. Le football est logique et il nous a sanctionnés. »

Comme Monaco s'est imposé sans briller à Troyes (3-1, un doublé de Carillo), l'OL est rejeté à 10 points de la 2e place à 11 journées du but. C'était donc vraiment le moment de faire chuter (2-1) un PSG qui a la tête ailleurs et clôt une série record de 36 matchs sans défaite. Cornet (13e) et Darder (45e+2) ont plié l'affaire en première période. Lucas a réduit le score (51e). Thiago Silva a droit à un tout petit 3 dans *L'Équipe*. « On a été très moyens pour ne pas dire plus et je me mets

Quand Aurier DISJONCTE

« Blanc, c'est une fiotte. Il prend les c... de Zlatan... Di Maria, c'est un guignol. Sirigu, il est guez [comprendre : il est nul]... » Voilà quelques-unes des stupéfiantes énormités proférées par Serge Aurier sur Periscope (un réseau social qui permet de s'autodiffuser en direct) lors d'un dialogue avec un ami, au soir d'un match de championnat contre Lille le 23 février. Sommé de s'excuser, le défenseur ivoirien sera suspendu plusieurs semaines et lourdement sanctionné financièrement, puis finalement réintégré par Laurent Blanc sans jamais retrouver son niveau d'avant cet incroyable dérapage.

Ousmane Dembélé, le phénomène de ce début d'année 2016, met Cana à l'amende.

dedans », reconnaît Blanc. Genesio est aux anges : « Tout m'a plu. L'aspect tactique qui a été respecté, la qualité technique, l'état d'esprit, la solidarité, mais il faut garder les pieds sur terre. » Monaco a été freiné à Nantes (0-0). Moins 8 pour Lyon désormais 3e.

DEMBÉLÉ, UNE PÉPITE EST NÉE

Côté bancs, la litanie se poursuit. Une défaite insensée à domicile contre Rennes (2-1), avec des buts bretons de Dembélé (90e+1) et Grosicki (90e+3) venus d'un autre temps, coûte son siège au Toulousain Dominique Arribagé. Pascal Dupraz va le remplacer alors qu'à 10 journées du terme le Téfécé est à 10 points du premier non relégable.

À Lyon, les sourires reviennent. Inscrit in extremis par Kouakou (89e), le but égalisateur de Caen contre Monaco (2-2) rehausse l'éclat de la large victoire contre Guingamp (5-1, un doublé de Lacazette). Plus que 6 points. « On sait où on veut aller », rappelle Genesio.

Le derby breton entre Rennes et Nantes (4-1) confirme l'éclosion du grand espoir Ousmane Dembélé, auteur d'un triplé. Il n'a que 18 ans et 9 mois et on lui rappelle que Jérémy Menez, alors sochalien, avait réussi le même exploit à 17 ans et 8 mois.

Bordeaux rame contre Ajaccio (1-1). « On a raté notre dernière chance de revenir dans le bon wagon », peste Sagnol. Il va bientôt descendre du train même si son président Jean-Louis Triaud affirme : « Une séparation n'est pas d'actualité. » Ajaccio s'occupe ensuite du cas Michel dans un match en retard (1-1). Il a fallu un grand Mandanda pour sauver l'OM. L'Espagnol râle : « Chaque fois que nous commettons une erreur, l'adversaire marque. » Heureusement que ce n'est pas vrai.

La Ligue 1 s'apprête à vivre son 30e épisode. Paris n'a besoin de personne pour décrocher le titre, mais Reims précipite l'issue en décrochant un match nul à Monaco (2-2, un doublé de Vagner Love) qui ralentit dangereusement. C'est à Troyes, sur le ter-

« Tout m'a plu. L'aspect tactique qui a été respecté, la qualité technique, l'état d'esprit, la solidarité, mais il faut garder les pieds sur terre. »

BRUNO GENESIO

rain de la lanterne rouge que les Parisiens bouclent très rondement cette affaire (9-0 !). Zlatan a marqué à quatre reprises et a même abandonné un penalty à Cavani. « On va essayer de tout gagner, on peut le faire », lance David Luiz qui songe surtout à la C1.

Désormais, l'intérêt se consacre sur la lutte pour les autres places européennes. Après avoir eu deux buts d'avance, l'OL se fait remonter à Rennes (2-2). « C'est une grosse frustration. On méritait de l'emporter », regrette Genesio. Du coup, Nice, vainqueur à Montpellier (2-0), s'empare de la si recherchée 3e place qui peut ouvrir la route de la C1. Loin de ces ambitions, Toulouse explose Bordeaux (4-0). « Je ne suis pas lassé. Je suis en colère. Plus c'est dur, plus j'ai envie de travailler », insiste Sagnol. Et l'OM rame à Lorient (1-1). « Notre première mi-temps, c'est une honte », constate Michel.

LE FEU AU STADE VÉLODROME

Que dire alors de la suite ? Dans une ambiance insurrectionnelle, l'OM fait naufrage à domicile contre Rennes (5-2, un doublé de Gourcuff) qui mène déjà 3-0 après 14 minutes. Par chance, les supporters faisaient la grève du premier quart d'heure, mais ils vont ensuite exprimer très violemment leur dépit et leur colère. Des banderoles rageuses réclament le départ de l'actionnaire et du président.

« La violence et la haine sont des choses que je ne peux pas cautionner », dit Vincent Labrune. « Je ne démissionnerai pas, avance Michel. Mes joueurs sont touchés, je ne vais pas les abandonner. » L'OM est un bateau ivre. La propriétaire Margarita Louis-Dreyfus va très vite annoncer qu'elle met le club en vente pour calmer les esprits.

Ça va mieux pour l'OL qui bat Nantes sans briller (2-0), mais déteste le relâchement du PSG contre Monaco qui s'impose au Parc des Princes (2-0). Paris était invaincu à domicile en Ligue 1 depuis 34 journées. « C'est dur de jouer ce genre de match quand vous êtes déjà champion », explique Blanc. « Certains diront que Paris avait la tête ailleurs, analyse Toulalan. Ça nous importe peu. » Monaco possède encore 5 points d'avance sur Nice victorieux d'Ajaccio (3-0) et 6 sur l'OL.

Et très vite, plus que 3 sur l'OL après un navrant revers à domicile contre Bordeaux (2-1) devant à peine plus de 6 000 spectateurs. Monaco se bat dans un désert. À Lorient, Lyon ne tremble pas (3-1, un doublé de Lacazette). Et au Parc des Princes, Nice n'existe pas malgré un excellent Ben Arfa (4-1).

La première titularisation d'Abou Diaby n'empêche pas l'OM de sombrer de nouveau à Bastia (2-1). « S'il fallait noter ma relation avec les joueurs sur une échelle de 1 à 10 je dirais 9, ose Michel. Ils sont détruits comme moi. »

Le match nul contre Bordeaux (0-0) au Stade Vélodrome dans une atmosphère de contestation permanente n'arrange évidemment pas les choses. L'OM est toujours menacé de descente en Ligue 2. Toulouse également, mais son large succès sur Bastia (4-0) le ramène à 4 points du premier non relégable et provoque cette réflexion de Dupraz : « Je ne rêve plus, je sais qu'on va y arriver. »

En haut du classement, Monaco a de bonnes raisons de croire qu'il ne va pas y arriver après s'être fait châtier à Lille (4-1) pendant que l'OL s'impose à Montpellier (2-0, un doublé de Cornet). Fekir, Valbuena et Grenier étaient sur le banc. Lyon a de la réserve. Et Nice adore Ben Arfa qui décroche le premier triplé de sa carrière contre Rennes (3-0).

La perle niçoise flambe ensuite à Lyon où les Aiglons, en supériorité numérique dès la 25e minute (expulsion de Cornet), ne parviennent pas à conserver leur but d'avance. Lacazette égalise en fin de rencontre en reprenant un coup franc de Valbuena sur la barre (82e, 1-1).

MONACO EXPLOSE À LYON

Sonné par son élimination à Manchester, le PSG punit pourtant Caen (6-0, un doublé et deux passes décisives de Zlatan). Insuffisant pour rendre Laurent Blanc euphorique. Michel, lui, ne l'est guère plus après un revers supplémentaire à Monaco (2-1) : « Tout ce qu'on a travaillé dans la semaine n'a pas été appliqué sur le

> « Je ne suis pas lassé.
> Je suis en colère.
> Plus c'est dur, plus j'ai envie de travailler. »
>
> WILLY SAGNOL

Genesio-Lacazette :
bonheur partagé.

« On va voir si nos joueurs, en plus d'être de bons footballeurs, sont des hommes avec un mental supérieur. C'est une rencontre de Ligue des champions.

JEAN-MICHEL AULAS

terrain. Je parle d'abandon car c'est la sensation que j'ai. » Il est bien loin le 9 sur 10.

Dans la foulée, il est licencié pour faute lourde, un artifice pour ne pas lui payer ses indemnités. Avec lui, l'OM n'a gagné que 25 % de ses matchs en Ligue 1, son pire total depuis les 22 % de Bernard Casoni en 1999-2000. Il est remplacé par le tandem Passi-Boli qui débute par un piteux match nul à domicile contre Nantes (1-1).

Michel ne sera pourtant pas la dernière victime de la saison. Après une énième défaite à Nice (2-0), le coach de Reims Olivier Guégan est viré à trois journées de la fin. David Guion le remplace. À Toulouse, l'OL profite à plein (3-2) du pauvre match nul de Monaco à Rennes (1-1) grâce à une fin de match tonitruante ponctuée par des buts de Grenier (73e), Lacazette (80e) et Tolisso (85e).

Lyon et l'ASM sont désormais au coude-à-coude (59 points) juste devant Nice (57 points). La course à la très rémunératrice 2e place est ardente. Mais Nice craque à Nantes (1-0) tandis que Monaco s'arrache contre Guingamp (3-2) et que Lyon s'impose petitement contre Ajaccio (2-1). Le duel à venir est lancé entre les deux dauphins d'un PSG, large vainqueur de Rennes (4-0) en dépit d'une virée de ses stars à Las Vegas dans la semaine.

Jean-Michel Aulas bat le rappel des énergies : « On va voir si nos joueurs, en plus d'être de bons footballeurs, sont des

Dupraz, le sauveur du Téfécé.

hommes avec un mental supérieur. C'est une rencontre de Ligue des champions. » Le président lyonnais ne se trompe pas. Dans un stade en fusion avec 57 000 supporters, l'OL atomise Monaco (6-1). Les Lyonnais menaient déjà 2-0 quand Traoré a été expulsé (23e). Lacazette inscrit un triplé et Yanga-Mbiwa un très improbable doublé. L'OL est directement qualifié pour la C1.

Jardim est dépité : « Personne n'a été à la hauteur de ce qu'on attend de ce club. Les joueurs, moi, on a tous déçu. » Genesio est aux anges : « Il faut surtout féliciter les joueurs. Avant le match, je leur avais dit de s'amuser, de prendre du plaisir. En plus, Yanga-Mbiwa nous a fait "une Thuram". Il ne pouvait pas nous arriver grand-chose ce soir. »

DUPRAZ, STAR DE LA « REMONTADA »

Moins heureux sont Saint-Étienne, qui se saborde à Nice (2-0, un doublé de Germain, expulsions de Malcuit et Tabanou à la clé), et Reims, qui concède un but cauchemardesque à Marseille (un dégagement au pied contré de son gardien Agassa) qui sent mauvais la Ligue 2. Dans un stade quasi désert, les Marseillais décrochent la victoire (1-0) à domicile en Ligue 1 attendue depuis huit mois.

Quant à l'irrésistible PSG, victorieux à Ajaccio (4-0, un triplé de Cavani), le voilà à 92 points et 97 buts au compteur. Le temps pour Ibrahimovic d'inscrire son 36e but à Bordeaux (1-1) dans un match en retard et voici que sonne l'heure de la sortie dans une folle agitation.

Tandis que Zlatan, sur le départ, fait le show au Parc des Princes contre Nantes (4-0, un doublé pour le Suédois), Monaco assure sa place sur le podium contre Montpellier (2-0), Nice sa place européenne à Guingamp (3-2) et Lille la sienne à Saint-Étienne (1-0). Les Verts, à la dérive, ne pouvaient pas plus mal fêter les 40 ans de l'épopée de 1976.

En bas de tableau, le faux exploit de Reims (4-1) contre des Lyonnais déjà passés à autre chose n'empêche pas la chute du club champenois en Ligue 2 car Toulouse s'impose sur le fil à Angers (3-2). Dupraz a réussi l'incroyable « remontada ». « Les joueurs ont été héroïques, dit-il. Ça fait deux mois que je leur dis que l'exploit est possible. »

En haut comme en bas, c'est avec ce genre d'émotions que notre championnat tisse sa légende dorée saison après saison. Ibra-Dupraz, même combat.

PARIS empile les records

Titre acquis dès la 30e journée (Lyon 33e journée en 2007), 98 points (89 points pour le PSG 2014), 31 points d'avance sur son dauphin (17 pour l'OL 2007), 36 matchs consécutifs sans défaite étalés sur deux saisons (32 matchs pour Nantes en 1994-1995), 19 buts encaissés (21 pour l'OM 1992), plus large victoire de l'histoire à l'extérieur (9-0 à Troyes), une différence de buts de +83 (+63 pour Reims 1960), 30 victoires, 15 victoires à l'extérieur, 48 points à l'extérieur (42 pour l'OM 2009), le PSG a réalisé une véritable moisson de records. Ajoutons qu'il a inscrit plus de 100 buts (102), ce qui ne s'était plus produit depuis la saison 1959-1960 (118 buts pour le Racing Club de Paris, record en cours, et 109 pour Reims son dauphin).

Fly

Zlatan soulevant l'Hexagoal :
Paris est champion
pour la 4e année consécutive.

26 mai 2016, stadio Città del Tricolore, Reggio d'Émilie

OLYMPIQUE LYONNAIS - WOLFSBURG 1-1 (4-3 aux t.a.b.)

COMME DES LIONNES

En remportant toutes leurs compétitions, la Ligue des champions pour la troisième fois, le championnat en l'écrasant et la Coupe de France, les filles de l'OL ont réussi ce qu'ont raté les garçons du PSG.

Bien sûr, on peut toujours ergoter sur la valeur intrinsèque d'une compétition dans laquelle, pour parvenir en finale, les Lyonnaises ont écrabouillé leurs adversaires. Un 6-0 en 16e face aux Polonaises de Konin, un autre 6-0 en 8e contre un Atlético Madrid moins hermétique que son homologue masculin, un 9-1 en quart contre le Slavia Prague et, cerise sur le gâteau, un 7-0 en demi-finale contre les grandes rivales hexagonales du PSG.

Tout cela ne fait pas très sérieux, mais comment reprocher aux joueuses de Gérard Prêcheur leur talent, leur insatiable appétit et la faiblesse de la concurrence ? Au pied de la finale, leur cinquième en sept ans (dont deux victoires en 2011 et 2012), elles savent que là, en revanche, rien ne sera facile. Sur les 15 dernières finales, l'Allemagne a placé 13 fois l'un de ses clubs et en 2013, c'est contre ce même Wolfsburg que l'OL a raté un fameux triplé (défaite 1-0).

« Il y aura un petit esprit de revanche », avoue d'ailleurs l'attaquante Eugénie Le Sommer. « C'est maintenant qu'il faut montrer notre force », tonne la Danoise Ada Hegerberg, buteuse émérite du haut de ses 20 ans (54 buts au total durant la saison, dont 13 en C1). Amandine Henry cadre parfaitement le défi : « Si on rate ce triplé, on aura comme un goût d'échec sur la saison. Le doublé, c'est le strict minimum quand on joue à l'OL. »

Ce doublé, les Lyonnaises l'ont évidemment réussi. En Ligue 1 avec une aisance là encore un peu désolante. Les 3 points d'avance à l'arrivée sur ce PSG qui a tenté de faire le match en recrutant tous azimuts et très haut de gamme (l'attaquante allemande Anja Mittag ou les Brésiliennes Cristiane et Erika) ne disent

« Si on rate ce triplé, on aura comme un goût d'échec sur la saison. Le doublé, c'est le strict minimum quand on joue à l'OL.

AMANDINE HENRY

Duel intense entre Bremer et Kerschowski.

rien d'une supériorité écrasante. Pour décrocher ce 10e titre – et 5e doublé consécutif avec la victoire en finale de Coupe de France contre Montpellier 2-1 –, les Lyonnaises ont glané 82 points sur 88 possibles (19 victoires et 3 nuls), inscrivant 115 buts et n'en concédant que quatre.

> « On avait les moyens de marquer un second but, mais il n'y aurait pas eu le suspense.
>
> GÉRARD PRÉCHEUR

BOUHADDI DE BAS EN HAUT

Mais tout ça ne pèse pas grand-chose au moment de défier Wolfsburg pour ce qui sera le dernier match sous le maillot du club pour Henry (en partance pour Portland aux États-Unis), Louisa Necib (139 sélections) et la Suédoise Lotta Schelin (225 buts en 224 matchs à Lyon).

À 150 kilomètres de Milan, devant 15 000 spectateurs, l'inévitable Hegerberg ouvre le score en reprenant un centre de Bremer mal repoussé par la gardienne Schult (12e). Ensuite, l'OL domine largement, accumulant les occasions et les ratés, jusqu'à ce que sa gardienne Sarah Bouhaddi loupe une sortie, permettant à Popp d'égaliser de la tête (88e). « À ce moment, on se dit : ce n'est pas possible, on ne va pas encore perdre face aux Allemandes », affirmera après coup la milieu de terrain Camille Abily.

Certes, Bouhaddi manque une nouvelle sortie, sans dégâts heureusement, en début de prolongation, mais elle va avoir l'occasion de se racheter lors de l'angoissante séance des tirs au but. Sur les trois premières frappes allemandes, elle n'a pas esquissé le moindre geste. Sa capitaine Wendie Renard vient alors la secouer verbalement. Et Bouhaddi stoppe les deux dernières frappes de Fischer et de l'ex-Lyonnaise et internationale tricolore Élise Bussaglia. La défenseure japonaise Kumagai peut alors expédier les Lionnes au paradis.

« On avait les moyens de marquer un second but, mais il n'y aurait pas eu le suspense », ironise Prêcheur. « C'est le plus beau jour de ma vie », lance Hegerberg. Et Henry conclut : « C'était un bel ascenseur émotionnel. Même si on a eu peur, c'était écrit quelque part que nous allions gagner. »

LES TOPS

1 — Zlatan IBRAHIMOVIC

Le géant

Le Suédois a magistralement rayé son flop de l'édition 2015 en pulvérisant tous les records de l'histoire du PSG. Plus efficace que jamais et toujours autant habité par le personnage qu'il s'est inventé, il laisse la Ligue 1 orpheline de sa magnificence.

2 — Hatem BEN ARFA

Le ressuscité

En s'imposant une cure de modestie sur la Croisette après de nombreux errements, Ben Arfa a retrouvé tout son immense talent. Les 17 buts inscrits en Ligue 1 pèsent très lourd dans la qualification européenne de l'OGC Nice.

3 — Lassana DIARRA

Le conquérant

L'unique rayon de soleil dans l'eau glacée de la saison marseillaise. Après plus d'un an sans jouer, il a sans doute évité aux siens une chute encore plus douloureuse.
Son engagement et son hyperactivité lui ont permis de retrouver les Bleus.

4 — Pascal DUPRAZ

Le magicien

L'autre flop 2015 qui se retrouve chez les tops. Il avait disparu des écrans radars quand Toulouse a misé sur lui pour sauver sa place en Ligue 1.
Un pari impossible et pourtant gagnant pour cet entraîneur aboyeur qui n'a pas son pareil pour souder un groupe.

5 — Ousmane DEMBÉLÉ

La révélation

À 18 ans, il a explosé au firmament du football français dans une formation rennaise pourtant à la peine.
Sa joyeuse fraîcheur, sa vitesse, son sens du dribble et son efficacité ont tout de suite fait mouche. Ce qui lui a valu un joli transfert à Dortmund.

LES FLOPS

5

Mathieu
VALBUENA
Le condamné

Recruté par l'OL en Russie, il semblait parti pour une saison en forme d'apothéose. À l'arrivée, en raison des dégâts psychologiques et physiques provoqués par l'affaire de la sextape, il a tout perdu, à commencer par sa place chez les Bleus.

4

MICHEL
Le naufragé

L'entraîneur espagnol, successeur du si populaire Bielsa, n'a rien compris au club marseillais et à son environnement. Incapable de mettre son équipe sur le droit chemin, il a été la victime impuissante d'une véritable catastrophe sportive et industrielle.

2

Willy
SAGNOL
Le désespéré

Après une première saison satisfaisante, l'ex-international n'a semblé rien maîtriser de ce second exercice bordelais. Très dur dans ses jugements vis-à-vis d'un groupe d'une grande faiblesse, il a fini par se couper de celui-ci et y a laissé sa tête.

3

Jaba
KANKAVA
Le raté

Plus gros transfert jamais réalisé par Reims (1,5 million d'euros), le Géorgien est le symbole de la noyade du club et de sa descente en Ligue 2. Jamais il n'a été ce meneur de jeu et cet inspirateur tant espéré. Au contraire, sa médiocrité a coûté très cher aux siens.

1

Yoann
GOURCUFF
L'égaré

Second flop consécutif pour celui qui fut présenté à l'époque comme le successeur de Zidane. À peine relancé à Rennes où il a peu joué, il demeure une étonnante énigme, donnant l'impression de passer totalement à côté de sa destinée.

ZLATAN
EST ÉTERNEL

Avec 38 buts, le géant suédois entre encore un peu plus dans la légende du club parisien en délogeant Carlos Bianchi (37 buts en 1977-1978) du rang de meilleur buteur du PSG sur une saison.

Et dire que privé des premiers matchs pour cause de blessure, il n'a ouvert son compteur buts que dans le courant de la 7e journée à Guingamp ! Et dire qu'au total il n'a participé qu'à 31 rencontres, dont 29 seulement en tant que titulaire. Et dire qu'à la fin de la saison Zlatan avait 34 ans et 7 mois, un âge canonique pour un attaquant de haut niveau, qui lui permet de devenir le plus « vieux » des meilleurs buteurs des cinq grands championnats au XXIe siècle.

Ce n'est évidemment pas tout. Au passage, l'ombrageux Suédois a pulvérisé tous les records du club parisien en la matière, doublant d'abord à toute allure Miguel Pauleta et ses 109 buts toutes compétitions confondues (156 buts en 181 matchs pour Zlatan en fin de saison), puis le grand Mustapha Dahleb et ses 85 buts en Ligue 1 (113 buts en 122 matchs pour Zlatan à la fin de la saison), sans oublier le Ballon d'or George Weah et ses 16 buts en Coupes d'Europe (20 buts pour Zlatan en C1) et enfin Carlos Bianchi, meilleur buteur sur une saison de Ligue 1 pour le PSG avec ses 37 buts, une marque qui semblait intouchable. Le géant suédois a-t-il vraiment exagéré en déclarant au moment d'annoncer son départ : « Je suis venu en roi, je repars en légende » ?

MEILLEUR BUTEUR

Voici le descriptif des 38 buts qui ont permis à Zlatan Ibrahimovic de finir meilleur buteur 2016 devant le tenant du titre, le Lyonnais Alexandre Lacazette (21 buts) et son équipier uruguayen Edinson Cavani (19 buts).

PSG-GUINGAMP 3-0 (7e journée)
1 : à la réception d'un centre de Di Maria, Zlatan marque d'une reprise croisée du gauche à ras de terre d'une douzaine de mètres, qui frappe le poteau de Lössl avant de rentrer (83e, but du 3-0).

NANTES-PSG 1-4 (8e journée)
2 : Pastore centre de la gauche sur Di Maria, dont le tir est contré par le gardien Riou, puis repoussé sur Zlatan qui marque à bout portant du bout du pied droit (48e, but du 1-1).

PSG-MARSEILLE 2-1 (9e journée)
3 : faute de Mandanda sur Zlatan. Il transforme le penalty d'une frappe du droit croisée à ras de terre qui prend le gardien marseillais à contre-pied (41e, but du 1-1).
4 : main de Rolando. Zlatan transforme le penalty de la même façon que le premier, un penalty retiré après une réussite initiale annulée par l'arbitre (44e, but du 2-1).

BASTIA-PSG 0-2 (10e journée)
5 : Zlatan reprend du droit à 8 mètres face au but un centre, en retrait de Cavani venu de la droite (72e, but du 0-1).
6 : débordement sur la droite, puis centre en retrait de Aurier sur Zlatan qui double la mise d'une reprise du pied droit plein axe (83e, but du 0-2).

PSG-SAINT-ÉTIENNE 4-1 (11e journée)
7 : lancé sur la gauche par Di Maria, Cavani déborde et centre en retrait face au but pour Zlatan qui trompe aisément Ruffier du pied droit (70e, but du 3-0).

PSG-TOULOUSE 5-0 (13e journée)
8 : en voulant dégager de la tête, le Toulousain Tisserand envoie directement le ballon sur la tête de Zlatan qui marque à bout portant (18e, but du 2-0).
9 : un tir lointain de Lucas est repoussé par le gardien Ahamada sur Zlatan qui marque à bout portant de l'extérieur du droit (75e, but du 4-0).

PSG-TROYES 4-1 (15e journée)
10 : faute de Mavinga sur Lucas. Zlatan transforme le penalty d'une frappe décroisée du droit à ras de terre et du poteau (58e, but du 2-0).

NICE-PSG 0-3 (17e journée)
11 : Hult plaque Zlatan. Penalty transformé d'une frappe croisée du droit à ras de terre et du poteau (44e, but du 0-2).
12 : lancé par Di Maria en profondeur sur la droite de la surface, Zlatan trompe Cardinale d'une frappe croisée du droit à ras de terre (61e, but du 0-3).

PSG-LYON 5-1 (18e journée)
13 : long ballon aérien de Thiago Silva maladroitement détourné de la tête par Yanga-Mbiwa sur Zlatan, dont la reprise en force du droit à ras de terre du coin des 6 mètres trompe Lopes (11e, but du 1-0).
14 : faute de Bedimo sur Zlatan qui transforme le penalty d'un tir croisé du droit qui passe sous le bras de Lopes (77e, but du 4-1).

CAEN-PSG 0-3 (19e journée)
15 : un ballon mal repoussé par la défense caennaise est repris en force de 25 mètres du droit par Zlatan qui trouve la lucarne gauche de Vercoutre (36e, but du 0-2).

TOULOUSE-PSG 0-1 (21e journée)
16 : corner de Lucas. Reprise de la tête de David Luiz qui envoie le ballon sur Zlatan à la limite du hors-jeu au second poteau. Le Suédois marque d'une tête croisée piquée à bout portant (73e, but du 0-1).

PSG-ANGERS 5-1 (22e journée)
17 : servi par Matuidi, Zlatan pénètre dans la surface par la droite et trompe Letellier d'un tir croisé du droit à ras de terre (32e, but du 1-0).

SAINT-ÉTIENNE-PSG 0-2 (23e journée)
18 : sur un centre d'Aurier venu de la droite, Zlatan marque en force et à bout portant, de la semelle du pied droit (62e, but du 0-1).
19 : une frappe contrée de Di Maria atterrit sur Zlatan seul sur la gauche au second poteau à la limite du hors-jeu. Le Suédois marque du droit dans le but grand ouvert (90e + 2, but du 0-2).

PSG-LORIENT (3-1 (24e journée)
20 : centre de Kurzawa de la gauche. Zlatan devance les défenseurs bretons pour marquer d'une reprise du droit plein axe aux 6 mètres (54e, but du 2-1).

MARSEILLE-PSG 1-2 (25e journée)
21 : centre au cordeau de Maxwell sur la gauche manqué par les défenseurs olympiens, mais pas par Zlatan qui reprend du droit à 3 mètres de la ligne (2e, but du 0-1).

PSG-REIMS 4-1 (27e journée)
22 : au bout d'un long cafouillage, Zlatan marque en deux temps des 8 mètres, d'une frappe croisée du gauche à ras de terre (43e, but du 2-1).
23 : à la retombée d'un long centre de la droite de Van der Wiel, Zlatan marque d'une reprise croisée en force du gauche des 10 mètres (68e, but du 4-1).

TROYES-PSG 0-9 (30e journée)
24 : à l'entrée de la surface, Zlatan expédie une frappe à ras de terre du pied gauche qui trompe Dreyer (46e, but du 0-4).
25 : sur un centre de Di Maria, Zlatan inscrit son 100e but en Ligue 1 d'une formidable reprise croisée du droit en pleine extension (52e, but du 0-5).
26 : centre de Kurzawa. Aux 16 mètres, Zlatan expédie une reprise décroisée du droit en pleine lucarne (56e, but du 0-6).
27 : lancé dans l'axe par Pastore, Zlatan marque d'un tir décroisé à ras de terre du gauche au ras du poteau (88e, but du 0-9).

PSG-NICE 4-1 (32e journée)
28 : sur une balle en profondeur de David Luiz, Zlatan marque d'un tir croisé en force du droit sous la barre (15e, but du 1-0).
29 : coup franc aux 18 mètres face au but. Zlatan le transforme d'une frappe atomique du droit en pleine lucarne (34e, but du 2-1).
30 : lancé par Rabiot à la limite du hors-jeu sur la gauche de la surface, Zlatan marque d'une frappe croisée du gauche à ras de terre (82e, but du 4-1).

PSG-CAEN 6-0 (34e journée)
31 : servi dans l'axe par Di Maria, Zlatan trompe Vercoutre d'une frappe de 20 mètres du droit à ras de terre (12e, but du 1-0).
32 : long centre de Kurzawa que Zlatan reprend victorieusement du droit aux 10 mètres d'une volée décroisée à ras de terre et du poteau (56e, but du 5-0).

PSG-RENNES 4-0 (36e journée)
33 : sur un long ballon en profondeur de Di Maria dans les 6 mètres, Zlatan, plus prompt que les défenseurs, marque d'une frappe de la semelle du pied droit (54e, but du 2-0).
34 : servi dans l'axe par Pastore à la limite du hors-jeu, Zlatan marque en force des 16 mètres d'une frappe du gauche sous la barre (78e, but du 3-0).

AJACCIO-PSG 0-4 (37e journée)
35 : lancé dans l'axe dans le dos de la défense corse, Zlatan marque d'un tir croisé du droit à ras de terre et du poteau gauche de Maury (90e + 2, but du 0-4).

BORDEAUX-PSG 1-1 (match en retard 35e journée)
36 : sur un centre aérien de Di Maria venu de la droite, Zlatan trompe Carrasso d'une tête croisée aux 6 mètres qui lobe le gardien girondin (59e, but du 0-1).

PSG-NANTES 4-0 (38e journée)
37 : centre de la droite de Di Maria que Zlatan, à l'affût dans les 6 mètres, reprend de la poitrine pour tromper Dupé (17e, but du 1-0).

38 : à l'arrivée d'un ballon aérien en profondeur de Pastore, Zlatan aux 6 mètres domine Kwateng pour inscrire de la tête son 38e but (89e, but du 4-0).

LAURENT BLANC ET SES 28 CHAMPIONS

Avec quatre titres de champion de France sur son CV, dont trois au PSG, Laurent Blanc fait désormais partie des entraîneurs qui ont marqué durablement la Ligue 1. Sa récompense ? Un licenciement !

Troisième saison à la tête du PSG et troisième titre de champion pour Laurent Blanc. C'était couru d'avance ? Peut-être, mais ce qui ne l'était pas, c'est l'écrasante domination du club parisien sur ses rivaux, la série de records pour la plupart pulvérisés, et aussi une certaine permanence dans la qualité du jeu proposé. Ce qui l'était encore moins, c'est le prix à payer en échange de ces résultats, à savoir un licenciement surprise en fin de saison et un remplacement par l'entraîneur du FC Séville, trois fois vainqueur consécutivement de la Ligue Europa, l'Espagnol Unai Emery.

Ce n'est évidemment pas son formidable palmarès national (deux quadruplés consécutifs), auquel l'orgueilleux propriétaire du club n'a attaché apparemment aucune importance, qui a coûté son poste à l'ancien international. C'est bien sûr l'élimination par Manchester City en Ligue des champions sur l'éternel obstacle des quarts de finale.

Pourtant, son contrat avait été prolongé au cœur de l'hiver et le président Nasser Al-Khelaïfi l'avait conforté verbalement dans ses fonctions même après la défaite européenne. Il faut croire que souvent Qatari varie… Quitte à régler une addition proche des 20 millions d'euros en guise d'indemnités.

Arrivé à Paris par la petite porte, car il n'avait alors été qu'un choix de raccroc, il est donc reparti avec des titres plein les poches par cette même petite porte. « Le meilleur contrat pour un entraîneur ce sont les résultats », aimait-il à répéter. On aurait pourtant juré qu'il était solidement protégé par les multiples trophées conquis. On se trompait.

Pour décrocher le sixième titre de l'histoire du PSG, Laurent Blanc a utilisé 28 joueurs.

LES CHAMPIONS

GARDIENS
Kevin Trapp, 25 ans, 35 matchs
Salvatore Sirigu, 29 ans, 3 matchs
Nicolas Douchez, 36 ans, 1 match

DÉFENSEURS
Thiago Silva, 31 ans, 30 matchs, 1 but
Marquinhos, 22 ans, 29 matchs, 1 but
Scherrer Maxwell, 34 ans, 28 matchs, 3 buts
David Luiz, 29 ans, 25 matchs, 1 but
Serge Aurier, 23 ans, 21 matchs, 2 buts
Gregory Van der Wiel, 28 ans, 17 matchs, 2 buts
Layvin Kurzawa, 23 ans, 16 matchs, 3 buts
Presnel Kimpembe, 20 ans, 6 matchs
Kévin Rimane, 25 ans, 1 match

MILIEUX DE TERRAIN
Thiago Motta, 33 ans, 32 matchs, 1 but
Blaise Matuidi, 29 ans, 31 matchs, 4 buts
Benjamin Stambouli, 25 ans, 27 matchs
Adrien Rabiot, 21 ans, 24 matchs, 1 but
Marco Verratti, 23 ans, 18 matchs
Javier Pastore, 26 ans, 16 matchs, 2 buts
Hervin Ongenda, 20 ans, 5 matchs, 1 but
Christophe Nkunku, 18 ans, 5 matchs
Yakou Meité, 20 ans, 1 match

ATTAQUANTS
Lucas, 23 ans, 36 matchs, 9 buts
Edinson Cavani, 29 ans, 32 matchs, 19 buts
Zlatan Ibrahimovic, 34 ans, 31 matchs, 38 buts
Ángel Di María, 28 ans, 29 matchs, 10 buts
Ezequiel Lavezzi, 31 ans, 16 matchs, 2 buts
Jean-Kévin Augustin, 18 ans, 13 matchs, 1 but
Timothée Taufflieb, 23 ans, 1 match

ILS ONT DIT…
ILS ONT FAIT

Du géant parisien au nain rémois en passant par un Nice séduisant, un Lyon vacillant, un Angers surprenant et un OM désespérant, voici le carnet de notes de l'année où chacun est évalué en fonction de ses résultats, mais aussi bien sûr de ses moyens et de ses ambitions déclarées sur la ligne de départ.

PARIS
18/20

« Cette saison, nous voulons forcément remporter un quatrième titre de champion d'affilée. Sur la scène internationale, nous chercherons absolument à franchir enfin un cap en Ligue des champions après trois quarts consécutifs. »

Nasser Al-Khelaïfi (président)

Un palmarès absolument identique à celui de la saison précédente, mais un demi-point de moins pour le PSG qui est resté coincé à l'étage des quarts de finale de la Ligue des champions. Ce n'est pas une contre-performance en soi sauf que le cap souhaité par le président n'a pas été franchi. En revanche, la saison nationale fut somptueuse, plus encore que celle d'avant où l'OM et l'OL avaient longtemps tenu la dragée haute aux Parisiens. Une telle razzia, et avec une telle aisance, pour la seconde année consécutive n'a pas d'équivalent et mérite une « standing ovation ».

NICE
14,5/20

« L'an passé, on a fini 11e, mais si on avait été réguliers, on aurait pu batailler pour la 7e ou 8e place et même viser la Ligue Europa. Il faudra accrocher le bon wagon pour avoir une saison excitante. »

Mathieu Bodmer (défenseur)

Le recrutement de Ben Arfa ? Un coup de génie qui a rapporté gros à l'OGCN, très belle surprise de la saison, qualifiée directement pour la Ligue Europa et considérée comme l'équipe ayant sans doute développé le plus beau jeu avec son milieu de terrain très technique taille XXS. Pourtant, le début de saison avait été compliqué (15e après cinq journées), mais à la trêve, les Aiglons étaient sur le podium (3e). Le gros regret vient des Coupes où les Niçois se sont très vite fait sortir, à chaque fois aux tirs au but, par Guingamp et Rennes.

CARNET DE NOTES

LILLE 14/20

« L'objectif est de retrouver rapidement la Coupe d'Europe, au plus tard en fin de saison prochaine. Cette saison est celle d'une transition, un virage serré. »

Michel Seydoux (président)

Après quinze journées, les craintes du président étaient on ne peut plus justifiées. Lille était en position de relégable (18e). La suite fut d'un tout autre tonneau après le remplacement de Hervé Renard par l'expérimenté Frédéric Antonetti. Au bout d'une folle remontée, les Dogues ont décroché un strapontin européen et ont même titillé le PSG en finale de la Coupe de la Ligue, pour terminer la saison avec un an d'avance sur l'objectif annoncé. Du bon boulot et une mention bien.

LYON 13/20

« On ne peut pas avoir fini 2e la saison dernière et annoncer ensuite qu'on vise une place en Ligue Europa. Il faudra au moins terminer sur le podium. »

Corentin Tolisso (milieu de terrain)

Bien sûr, l'objectif a finalement été atteint, mais que de soubresauts et de crises au cœur de l'hiver pour en arriver là après une calamiteuse campagne européenne dans un groupe pourtant sur mesure. Certes, la malchance a joué son rôle (blessures de Fekir et de Grenier, affaire de la sextape pour Valbuena), mais heureusement que l'entrée dans le tout nouveau Stade des Lumières, couplée à l'arrivée de Bruno Genesio à la tête de l'équipe ont apporté un nouvel élan et que Monaco a lambiné, sinon…. Dans les Coupes nationales, pas de gros regrets puisque les Gones sont tombés deux fois face au PSG.

ANGERS 12,5/20

« L'objectif est de continuer à construire et à grandir. Nous voulons rester en Ligue 1 le plus longtemps possible. Les Coupes, on va les jouer, mais c'est loin d'être le principal. »

Saïd Chabane (président)

Si l'on ne jugeait que sur le spectacle proposé, Angers serait plus loin au classement. Mais on parle là d'un promu auquel personne ne faisait vraiment confiance pour se maintenir et qui, situation invraisemblable, s'est retrouvé sur le podium et même en dauphin du PSG jusqu'à la trêve. Du coup, la 9e place finale est presque décevante tout comme les rapides éliminations en Coupes contre Tours (L2) et Bordeaux. N'empêche qu'il est impossible de ne pas accorder une mention aux joueurs de Stéphane Moulin.

CAEN 12/20

« En restant tout à fait raisonnable, je dirais que notre objectif demeure le maintien. On vient de terminer 13e, alors si on pouvait au moins maintenir cette position ce serait très bien. »

Jean-François Fortin (président)

Une mention également pour les Normands qui eux aussi se sont hissés sur la seconde marche du podium (après 15 journées) avant de faiblir après la trêve, mais sans jamais s'effondrer. La 7e place finale va bien au-delà de l'objectif affiché et marque une forme d'apogée pour ce club méritant. Dommage simplement que les deux Coupes se soient achevées dès l'entame contre Nice et l'OM (à domicile aux tirs au but).

MONACO
11,5/20

« Chaque année, l'ASM doit viser le podium en Ligue 1 et jouer une Coupe d'Europe. Notre projet comprend aussi la volonté de faire progresser et émerger de jeunes talents. Le temps sera notre allié. »

Vadim Vasilyev (vice-président)

Avec un projet assez illisible, quelque chose comme un supermarché du football, une équipe type impossible à identifier, un jeu étriqué et un stade presque toujours désert, Monaco a pourtant longtemps cru qu'il allait s'emparer facilement de la 2e place avant de s'effondrer, notamment lors d'un duel décisif à Lyon (6-1). Au royaume du fric à tout-va et du manque de passion, la vie n'a pas toujours été rose pour Leonardo Jardim, surtout quand ses joueurs se sont fait éliminer à Sochaux en Coupe de France.

BASTIA
11/20

« Avec le groupe de qualité qu'on a, je suis persuadé qu'on va faire une très belle saison et pourquoi pas être l'équipe surprise. On n'a pas grand-chose à envier à certaines équipes qui finissent entre 8e et 10e. »

Gaël Danic (milieu de terrain)

Certes, il a fallu en passer par le remplacement de l'atypique Ghislain Printant par le local François Ciccolini après un début de saison très inquiétant (17e après 15 journées), mais relancé après la trêve, l'équipe corse a non seulement assuré assez vite son maintien, mais également atteint l'objectif avoué (10e). Dommage que les Coupes lui sourient beaucoup moins que par le passé avec deux éliminations rapides à domicile contre Rennes et Sochaux (Ligue 2).

GUINGAMP
10,5/20

« On doit être plus réguliers. On veut pratiquer un jeu dynamique avec une volonté d'attaquer tout le temps. À Guingamp, on ne peut pas banaliser la Ligue 1. »

Jocelyn Gourvennec (entraîneur)

Ce n'était pas évident, mais le fait est que Guingamp a « survécu » au départ de ses deux attaquants vedettes de la saison précédente, Beauvue et Mandane, et pourra continuer à ne pas banaliser la Ligue 1. Évidemment, ce fut compliqué et à la trêve les Bretons étaient dans le wagon de queue (18e). Mais ils surent glaner les points qu'il fallait au moment où il le fallait pour éviter le pire et se consoler du coup largement de parcours plutôt faiblards dans les Coupes. Pour une ville de 9 000 habitants, cela suffit pour obtenir la moyenne.

LORIENT
10/20

« Nous devons raisonnablement viser le Top 10 car nous avons le 11e budget de Ligue 1. J'ai aussi un rêve : celui d'emmener nos supporters au Stade de France pour soulever une Coupe. »

Loïc Féry (président)

La moyenne également pour Lorient qui, après un début souffreteux (17e après cinq journées), s'est très vite ressaisi pour traverser la saison dans le ventre mou du classement (8e à la trêve, mais une 15e place finale après une fin de saison sur le reculoir). Certes, l'objectif n'est pas vraiment atteint, d'autant plus que l'obstacle PSG était trop haut en demi-finale de Coupe de France, mais ne pas vivre dans la crainte permanente de la relégation est une sorte de petit succès pour un club comme celui-là.

SAINT-ÉTIENNE
10/20

« L'ambition est de continuer à progresser. On veut essayer de continuer à nous améliorer et peut-être penser à figurer dans le Top 3 au lieu du Top 5. Et on va jouer la Ligue Europa à fond. »

Roland Romeyer (président)

Une toute petite moyenne, afin de ne pas gâcher un peu plus l'anniversaire des 40 ans de Glasgow, pour ces Verts décevants qui sont sortis par le bas de leur habituel Top 5. Incapables d'élever le niveau d'un jeu de moins en moins spectaculaire et efficace au fil des mois, ils n'ont dû qu'à l'hégémonie du PSG (qui les a éliminés dans les deux Coupes) de récupérer un strapontin pour l'Europe. Une Europe qui aurait pu leur sourire s'ils n'avaient pas dérapé in extremis en 16e de finale à Bâle après s'être extirpés aux forceps de la phase de poules. Bref, une saison tristounette

RENNES
9,5/20

« J'ai mis en place un nouveau système de jeu avec l'espoir qu'il nous donne une stabilité défensive et une animation offensive plus performante pour améliorer les résultats, avec l'espoir de décrocher une place européenne. »

Philippe Montanier (entraîneur)

Le nouveau système a fait long feu, tout comme Philippe Montanier. Ce dernier a été remplacé en janvier par Rolland Courbis, dont la faconde n'a pas masqué l'éternelle difficulté du club breton à bien finir ses saisons après avoir, comme d'habitude, longtemps espéré décrocher l'Europe (encore 5e après 30 journées, mais 8e au bout du compte). Le génial gamin Dembélé ne pouvait pas tout faire tout seul et le pari Yoann Gourcuff n'a pas vraiment été un succès. Ajoutons que les éliminations en Coupes à domicile par Toulouse et Bourg-Péronnas (Ligue 2) ne sont pas glorieuses.

MONTPELLIER
9/20

« On veut passer la même saison tranquille (7e) pour commencer à préparer sereinement celle d'après dès décembre-janvier. On signerait pour terminer chaque année dans les huit premiers. »

Laurent Nicollin (président)

Raté pour la tranquillité et pour les objectifs ! Montpellier était 18e après 10 journées ; toujours 18e, donc relégable, à la trêve, il fallut un double changement d'entraîneur pour remettre un peu d'ordre et de sérénité dans tout ça, avec l'arrivée de Frédéric Hantz, synonyme de remontée au classement (12e au bout du compte). Les rapides éliminations en Coupes à Lorient et à Marseille (avoir perdu au Stade Vélodrome est presque une incongruité) ont contribué à entretenir cette grisaille générale.

AJACCIO 9/20

« Il paraît qu'on va se faire éclater. On a envie de prouver que tout est possible. En face, ce ne sont pas des extraterrestres, même Zlatan. »

Rodéric Filippi (défenseur)

Après un départ catastrophique (20e après 10 journées) et en dépit de leurs faibles moyens, les Corses ont eu l'immense mérite de faire croire que le miracle allait se réaliser (12e à la trêve). Hélas, la réalité a fini par les rattraper et après avoir espéré jusqu'au bout sauver leur tête, ils ont fini par la perdre. Mais quelle belle débauche d'énergie de la part des joueurs de Thierry Laurey (pas ridicules dans les Coupes) qui ne méritent pas au bout du compte d'être notés trop sévèrement.

TOULOUSE 8/20

« En étant solidaires, on peut faire quelque chose d'intéressant. Finir dans les dix premiers, voire plus haut. Je ne dis pas qu'on va être champions, je dis simplement que le foot, c'est une question de confiance. »

Jean-Armel Kana-Biyik (défenseur)

Difficile de noter les Toulousains, catastrophiques pendant 30 journées et ressuscités par l'arrivée de Pascal Dupraz au poste d'entraîneur. Dans l'absolu, la saison a été affreuse, mais elle s'est terminée dans les cris de joie après un sauvetage in extremis lors de la dernière journée, une fois comblé un écart de 10 points sur le premier non-relégable. Les performances dans les Coupes ne tirent pas la note vers le bas avec deux éliminations à Paris contre le PSG.

NANTES 8,5/20

« L'an dernier (14e), on aurait pu finir 8e ou 9e sans les trois mois graves que l'on a eus. Mais dire qu'on veut finir plus haut que 10e serait prétentieux. Soyons raisonnables. »

Waldemar Kita (président)

Et bing ! Encore une 14e place pour le FC Nantes après une fin de saison saccagée. C'est d'autant plus regrettable qu'après une entame moyenne, les Canaris avaient fini par s'imaginer un destin européen (6e après 30 journées). Mais les tensions entre le président et son entraîneur Michel Der Zakarian ont fini par peser trop lourd. Mettons également au débit des Nantais des éliminations peu glorieuses en Coupes contre des clubs de Ligue 2 (Bourg-Péronnas et Sochaux).

BORDEAUX 7/20

« Certes, au niveau des résultats il y a l'objectif d'être de nouveau européen. Mais je voudrais surtout voir une équipe qui a de l'ambition, de l'envie, qui prend des risques et a des rêves de réussite. »

Jean-Louis Triaud (président)

Bonjour tristesse ! Willy Sagnol n'a rien contrôlé (14e à la trêve) avant de se faire virer et son remplaçant Ulrich Ramé n'a fait que sauver les meubles. Médiocres dans le jeu, médiocres dans les résultats nationaux, médiocres en Ligue Europa, médiocres dans les relations humaines, les Girondins ont souvent fait rager leur président qui en fait de rêve a traversé la saison en plein cauchemar.

MARSEILLE 6/20

« L'objectif, c'est de terminer dans les cinq premiers, d'abord parce qu'on a fini 4e la saison dernière et ensuite parce qu'on a tout de même perdu de nombreux joueurs-cadres. »

Vincent Labrune (président)

Même en tenant compte de la saignée subie à l'intersaison et du départ précipité de Bielsa, la saison de l'OM est honteuse. Erratiques en championnat sous la conduite d'un entraîneur hagard, les Marseillais ont totalement sombré, se trouvant même en fin de saison à portée de relégation dans une atmosphère hostile et insurrectionnelle. Un tirage de Coupe de France extrêmement clément leur a pourtant offert la possibilité de sauver leur saison, mais en finale, le PSG les a expédiés définitivement au tapis.

TROYES 5/20

« J'espère que nous pourrons assurer un maintien confortable et pas seulement la dernière place de non-relégable. Le club et l'équipe sont plus mûrs que lors de notre dernière montée en 2012. »

Daniel Masoni (président)

Le président troyen s'était totalement illusionné et en termes de résultats Troyes fut l'une des pires équipes jamais vues en Ligue 1, y compris dans la gestion de ses nombreux entraîneurs. Mais au moins, malgré leur faiblesse chronique, les Troyens ont-ils toujours respecté le jeu et subi des éliminations pas déshonorantes en Coupes face à Lille et à Saint-Étienne.

REIMS 4/20

« Je serais un peu langue de bois en disant que jouer le maintien est notre objectif premier. On a tous en tête de faire mieux que la saison passée (15e). Si on est tous concernés, on pourra faire de belles choses. »

Jean-Pierre Caillot (président)

Une véritable catastrophe ! Pour avoir trop tardé à changer un entraîneur (Olivier Guégan) qui ne faisait pas l'affaire à la tête d'un effectif de toute façon extrêmement médiocre, le président, au lieu de sabrer le champagne, a bu la tasse lors de la dernière journée. Pourtant, le début de saison, trompeur, avait été flamboyant (2e après cinq journées). Mais la suite fut calamiteuse avec en point d'orgue des éliminations horribles en Coupes à Dijon (Ligue 2) et surtout à Chambly (National) après avoir été mené 4-0 (!) à la mi-temps.

23 avril 2016, Stade de France, Saint-Denis

PARIS SAINT-GERMAIN - LILLE : 2-1

QUAND PARIS REJOINT L'OM

Évidemment le PSG rêvait d'autre chose. Mais il n'a pas caché sa joie et son soulagement après ce court succès contre de valeureux Lillois, le troisième de rang dans cette compétition.

C'est le milieu de terrain lillois Florent Balmont qui parle : « Cette victoire doit nous donner un élan, nous forger un destin. » Le LOSC vient de cartonner à Bordeaux (5-1) en demi-finale de la Coupe de la Ligue.

C'est toujours Florent Balmont qui parle : « Ce n'est pas parce qu'on vient de remporter six victoires d'affilée que les choses vont fondamentalement changer. On sait bien que si on est moyens on ne passera pas. Il faudra le match parfait. » Le lendemain, Lille (6e de la Ligue 1 après avoir été 18e à l'automne) va défier le PSG, un tenant du titre meurtri par son élimination européenne, mais jamais avare de conquêtes.

Voilà, nous sommes maintenant le lendemain soir et Florent Balmont regarde les Parisiens s'étreindre et jubiler comme des gamins sur la pelouse du Stade de France. Lille n'a pas réalisé le match parfait et a même commis une affreuse erreur au moment où il pouvait croire au miracle. Jusque-là, on n'a guère vu son étoile montante, Sofiane Boufal, auteur de 3 buts à Ajaccio la semaine précédente, dont un qui a fait dire à son entraîneur Frédéric Antonetti : « Il n'y a que Van Basten qui a mis un but comme ça », référence au but inscrit en finale de l'Euro 1988 par le triple Ballon d'or néerlandais.

L'EXPULSION DE RABIOT N'A RIEN CHANGÉ

Pourtant, les Nordistes tiennent toujours la dragée haute aux Parisiens au moment où Adrien Rabiot se fait expulser (71e). Un coup franc de Sidibé (49e) a répondu à l'ouverture du score (sans doute entachée d'un hors-jeu de position de Kurzawa) de Pastore (40e). Mais voilà que Sirigu, gardien des Coupes nationales, expé-

> « Ce n'est pas parce qu'on vient de remporter six victoires d'affilée que les choses vont fondamentalement changer. »
>
> FLORENT BALMONT

die un long dégagement dont le défenseur lillois Soumaoro estime mal la trajectoire. Il expédie de la tête le ballon en arrière, Di Maria le récupère. Le gardien Eneyama est sorti trop loin de son but. De 30 mètres, l'habile Argentin le glisse au fond des filets (74e).

Reste à faire entrer Marco Verratti pour verrouiller le score (2-1). Lille a laissé passer sa chance. Paris n'a pas éliminé pour rien Saint-Étienne, Lyon et Toulouse lors des tours précédents. Il remporte ce trophée pour la troisième année d'affilée, égalant le record de l'OM (2010, 2011, 2012).

Antonetti est bon perdant : « J'éprouve de la déception en même temps que la satisfaction d'avoir été au niveau de la meilleure équipe française. S'ils n'ont pas été géniaux, c'est qu'on y est aussi pour quelque chose. On a prouvé qu'ils étaient jouables, mais ils sont au-dessus. Ils ont de la marge. » Boufal est plus direct : « On a été battus par plus forts que nous. »

« Tous les joueurs ont fait l'effort pour gagner ce titre », confesse Thiago Silva, reconnaissant de fait que lui et ses équipiers n'ont pas eu la partie facile. Ce que confirme Laurent Blanc : « On s'attendait à ce que ce soit dur. Mais avoir gagné à dix contre onze, ça veut dire quelque chose. On ne banalise rien. On en a trop fait sur la C1. Il y a de grands clubs d'Europe qui ont attendu des dizaines d'années avant de la gagner. »

Voilà, comme ça au moins, c'est dit. Paris ne s'est pas trompé de Coupe, mais son objectif ultime est évidemment ailleurs.

Paris tout sourires.

21 mai 2016, Stade de France, Paris

PARIS SAINT-GERMAIN - OLYMPIQUE MARSEILLE : 4-2

PARIS DÉCROCHE UN 10

Le soir où il perdait Zlatan Ibrahimovic, le plus emblématique et magique n° 10 de son histoire, le PSG remportait son dixième succès en Coupe de France et son second quadruplé national consécutif. Un bel exploit.

Sa part de chance, l'OM l'a eue avant. Au tirage au sort, qui l'a envoyé à Trélissac (CFA), Granville (CFA2) ou Sochaux (Ligue 2), quand Paris devait se coltiner Lyon et Saint-Étienne.

Maintenant, les Marseillais n'ont plus que leurs yeux pour pleurer et regarder les Parisiens gambader devant leurs supporters, en se repassant de main en main la 99e Coupe de l'histoire, sans exubérance excessive. La force de l'habitude peut-être. Pour la seconde fois d'affilée, le PSG remporte les quatre trophées nationaux ; la performance est gigantesque. En football, la marge est parfois si ténue entre le succès et la défaite.

L'OM n'avait plus que ce match pour tenter de sauver sa calamiteuse saison en Ligue 1 faite d'échecs répétés et de fureur populaire. C'est pourquoi le gardien olympien Mandanda a essayé de faire la part des choses : « Il faut arrêter de parler de cette saison et penser à ce match. Il s'annonce compliqué mais nous sommes prêts à tout donner pour le gagner. » « La plupart des personnes du monde du foot pensent qu'on n'a aucune chance, a ajouté l'attaquant Batshuayi. C'est le côté positif. »

Le côté négatif, c'est que l'OM n'a vraiment aucune chance contre un Paris qui veut le rejoindre au sommet du hit-parade de la compétition (10 victoires pour l'OM, 9 pour le PSG au coup d'envoi) et qui ne peut pas laisser partir Sa Majesté Zlatan, qui vient d'annoncer son départ, sur un échec. Matuidi a été clair : « Le PSG doit sortir vainqueur d'une finale. C'est sa marque de fabrique. On est programmés pour gagner. »

Les Parisiens euphoriques savourent ce nouveau trophée avec leur public.

ONZE SUR DIX POUR ZLATAN

Dans un Stade de France surchauffé, le milieu de terrain parisien donne le ton en ouvrant très vite le score à l'arrivée d'un sublime centre de Di Maria (2e). La messe n'est pourtant pas dite. Privé de Thiago Motta et Pastore blessés au mollet, Paris subit l'assaut adverse. Intenable sur son aile, Thauvin fait des misères à Maxwell qu'il enrhume pour égaliser d'un tir du gauche à ras de terre des 18 mètres (12e). Thauvin aurait dû être expulsé et Paris obtenir un penalty quand l'attaquant marseillais a repoussé de la main sur sa ligne un tir de Zlatan (34e). Les arbitres n'ont rien vu. Le suspense est prolongé.

Il faut attendre le début de la seconde période pour que Paris s'envole. Nkoulou fauche Matuidi. Zlatan transforme le penalty. Fletcher rate une facile égalisation sur un centre en retrait de Thauvin (51e). Tout est en place pour la mise à mort. Zlatan met Cavani sur orbite pour le but du 3-1 (57e) et, lancé par Matuidi, il casse lui-même les reins de l'arrière-garde marseillaise pour aller de nouveau tromper Mandanda d'un tir croisé (82e), son 11e but en dix matchs contre l'OM. La réduction du score par Batshuayi (87e) est anecdotique. L'OM a explosé en vol.

Mandanda est frustré : « Je viens sans doute de disputer mon dernier match avec l'OM. J'aurais pu être décisif, je ne l'ai pas été. » Diarra est incisif : « On prend un but très tôt en début de chaque mi-temps. Je ne veux viser personne, mais bon… Il y avait mieux à faire. » Passi l'entraîneur est fataliste : « L'écart, on le connaît. Une équipe à 500 millions, ce n'est pas une équipe à 100 millions. »

Côté Paris, Zlatan part en héros : « Je suis venu, j'ai vu, j'ai vaincu, lance l'arrogant Suédois. En quatre ans, je n'ai pas appris à parler français, mais j'ai tout gagné. »

Heureusement, Laurent Blanc est là pour moduler : « On ne se gargarise pas. Il faut être conscient qu'en Europe on n'est pas arrivés à notre objectif. »

Une jolie façon de rappeler qu'il y a Coupe et Coupe.

« L'écart, on le connaît. Une équipe à 500 millions, ce n'est pas une équipe à 100 millions. »

FRANCK PASSI

EUROPE

Coupes et championnats

Il y a 40 ans, il incarnait le fabuleux parcours des Verts en Coupe d'Europe. L'ancien partenaire de Michel Platini sous le maillot bleu est revenu à Saint-Étienne comme dirigeant. Entretien avec un grand monsieur du football français.

DOMINIQUE ROCHETEAU

« "L'ANGE VERT" ? JE N'AIMAIS PAS DU TOUT ! »

✔ SI VOUS N'AVIEZ PAS EU LES CHEVEUX LONGS, AURIEZ-VOUS EU LA MÊME CARRIÈRE ?

C'est difficile à dire, mais peut-être pas.

En 1976, vous étiez le symbole de cette équipe de Saint-Étienne en même temps qu'un footballeur très atypique. Vous a-t-on imposé ce personnage ?

Imposé, non. Je ne l'ai pas voulu, mais même si j'étais un peu introverti, j'étais un bon client dans la mesure où je n'étais pas « langue de bois ». Par la suite, je me suis moins livré parce que ma liberté de ton et mon engagement m'ont valu quelques soucis.

✔ CE PERSONNAGE UN PEU « IDOLE DES JEUNES » QUI JOUAIT AU FOOT VOUS CONVENAIT-IL ?

En un sens, je l'ai peut-être voulu inconsciemment. Mes idoles étaient des rock stars, des guitaristes et des groupes américains, Neil Young, les Who que j'ai vus au Palais des Sports de Lyon. Alors, ça ne devait pas me déplaire. Mais vu mon caractère et mon éducation, je me suis mis très vite en retrait. Je préférais mener une vie relativement tranquille. Mon statut ne m'empêchait pas d'avoir une vie sociale, de voir des copains, d'aller assister à des concerts. J'ai fait des études jusqu'au bac. J'avais des copains en dehors du foot. J'ai eu le sentiment de ne pas être passé à côté de ma jeunesse, de vivre une jeunesse normale. C'est peut-être aussi pour ça que ma carrière a pris du retard.

« Ce côté angélique ne me plaisait pas. Angélique, je ne l'étais pas dans ma tête. »

DOMINIQUE ROCHETEAU

Dominique Rocheteau,
actuel vice-président
du conseil de surveillance
de l'AS Saint-Étienne.

✔ DU RETARD ? MAIS À 20 ANS VOUS ÉTIEZ FINALISTE DE COUPE D'EUROPE !

Oui, mais j'avais disputé mon premier match en équipe professionnelle à 17 ans. Après, entre 17 et 20 ans, j'ai eu des petites galères. J'ai été souvent blessé, je me suis bien fait casser, notamment lors d'un derby contre l'OL. J'en ai eu pour quelques mois.

✔ VOUS AVEZ EXPLOSÉ AU PLUS HAUT NIVEAU AU POSTE D'AILIER DROIT, DANS UN RÔLE QUI SEMBLAIT AVOIR ÉTÉ INVENTÉ POUR VOUS, FAIT DE DRIBBLES, D'INVENTIVITÉ ET DE CHEVAUCHÉES.

À vrai dire, je ne sais pas comment j'ai fait pour m'imposer à Saint-Étienne comme ailier droit alors que j'étais un pur avant-centre. Ce que voulais, ce que j'aimais, c'était marquer des buts. J'avais toujours joué avant-centre avant d'arriver chez les Verts et je n'envisageais pas d'occuper un autre poste. Ce n'est d'ailleurs pas à Saint-Étienne que je me suis senti le mieux dans mon expression footballistique, mais plus tard, à Paris. Chez les Verts, je me sentais un peu cloisonné. C'est ce qui m'a fait partir. Ils auraient aimé que je reste, mais Georges Peyroche, l'entraîneur du PSG, m'a garanti qu'à Paris j'évoluerais dans l'axe.

✔ POURQUOI, ALORS, N'Y ÊTES-VOUS PAS PARVENU À SAINT-ÉTIENNE ?

Quand je suis arrivé à 16 ans, c'est Jacques Santini qui jouait avant-centre en CFA. On m'a mis ailier droit. Peu après, Jacques s'est blessé, mais on m'a laissé ailier droit. Mes premiers matchs en équipe de France, je les ai aussi disputés comme ailier droit. N'empêche que je me sentais beaucoup mieux avant-centre.

✔ MAIS C'EST COMME AILIER DROIT QUE VOUS AVEZ DISPUTÉ VOS SUPERBES ET FAMEUSES 8'32" DE LA FINALE DE GLASGOW AVEC UN BANDAGE À LA CUISSE. LES HUIT MINUTES LES PLUS IMPORTANTES DE VOTRE CARRIÈRE ?

Très sincèrement, non. Ces minutes-là, je les ai même presque oubliées. C'est un match qui pour moi a été très frustrant. J'ai l'impression d'être passé à côté de cette finale parce que je l'ai vécue un peu dans le stress. Est-ce que j'allais pouvoir jouer ? Je m'étais blessé à la cuisse un mois plus tôt et le club et moi-même avions commis l'erreur de me laisser repartir chez moi, à Étaules, pour récupérer, si bien que je ne m'étais pas vraiment soigné. On m'a fait une infiltration avant la rencontre. Dans le courant du match, je me suis échauffé, je ne sais pas combien de temps, mais très longtemps. J'ai donc le sentiment d'être passé à côté. Je me souviens beaucoup plus du match renversant contre Kiev [en quart de finale, qualification 3-0 après prolongation sur un dernier but de Rocheteau], dans une ambiance phénoménale. Cette finale, je ne l'ai d'ailleurs jamais revue. Il faudra quand même que je le fasse un jour.

✔ EN AVEZ-VOUS VOULU À L'ENTRAÎNEUR ROBERT HERBIN DE NE PAS VOUS AVOIR FAIT RENTRER PLUS TÔT ?

Non, pas du tout. C'était un accord entre nous deux, le kiné et le docteur. Je ne pouvais pas tenir tout le match. J'étais sur le banc, je devais rentrer. J'avais dit que je pouvais rentrer. Mais mon muscle aurait pu me lâcher au bout d'une minute. Herbin devait le prendre en compte. Si on égalise, s'il y a prolongation, si Dominique doit ressortir. Il y avait tout ça dans sa tête.

✔ QUELLES ÉTAIENT VOS IDOLES DANS LE FOOT ?

George Best quand j'étais adolescent et bien sûr, plus tard, Johan Cruyff, un joueur emblématique à tous points de vue qui a marqué mon époque.

✔ IL PARAÎT QUE VOUS AVEZ VU JOUER GEORGE BEST ?

C'est exact. J'avais 16 ans et nous sommes partis disputer un tournoi avec les jeunes de Saint-Étienne à Coventry, en Angleterre. À la fin du tournoi, nous avons été invités à assister à un match de championnat d'Angleterre entre Coventry et Manchester United.

Coupe d'Europe des clubs champion, 3 mars 1976, Dynamo Kiev-St Étienne (2-0).
Debout : Ivan Curkovic, Gérard Janvion, Osvaldo Piazza, Gérard Farison, Christian Lopez, Dominique Bathenay.
Accroupi : Dominique Rocheteau, Jean-Michel Larqué, Hervé Révelli, Christian Synaeghel, Patrick Révelli.

J'ai donc vu jouer Best [Ballon d'or 1968], mais aussi Denis Law [Ballon d'or 1964].

✔ BEST, CRUYFF, PAR RAPPORT À L'IMAGE QUI ÉTAIT LA VÔTRE, APPARTENIEZ-VOUS UN PEU À CETTE LIGNÉE-LÀ ?

Oui, complètement.

✔ VOUS ÉTIEZ SURNOMMÉ « L'ANGE VERT ». CELA VOUS PLAISAIT-IL ?

Non, pas du tout. Avec le recul, ça m'amuse, mais à l'époque je n'aimais absolument pas ce surnom. J'étais un peu engagé politiquement quand même. J'avais un petit côté rebelle, comment dire, un peu anarchiste. Alors le mot « ange » ne me correspondait pas du tout. Ce côté angélique ne me plaisait pas. Angélique, je ne l'étais pas dans ma tête. Peut-être dans mon comportement sur un terrain. Je ne mettais pas de coups. Mais je ne me sentais pas angélique.

✔ COMME LES ROCK STARS, VOUS AVIEZ DE NOMBREUSES GROUPIES.

Il ne faut pas exagérer, mais c'est vrai que sur les Champs-Élysées après notre défaite à Glasgow, ce fut un peu ça. C'est sans doute pour cette raison que je n'ai pas trop aimé ce moment. Aussi parce qu'on avait perdu. Je m'étais dit : « Ce n'est pas possible, il n'y aura personne. » Et ce fut une incroyable marée verte. Je n'aimais pas trop la foule. On était deux par voiture. J'étais avec Bathenay, un peu enfoncé dans le siège, et « Babatte » me disait : « Lève-toi, ils veulent te voir. » Cela étant, pour revenir à la question, il y avait effectivement beaucoup de filles qui venaient dans mon chalet ou au stade après les matchs pour me voir.

✔ VOUS ÉTIEZ HARCELÉ ?

Oui, oui, et je recevais aussi de nombreuses lettres enflammées. À la sortie des stades, nous n'étions pas protégés comme c'est le cas des joueurs actuels. On était en contact avec le public. Pour rejoindre notre voiture au parking, il était souvent difficile de faire 50 mètres. Il fallait fendre la foule.

✔ VOUS SENTIEZ-VOUS ATYPIQUE AU MILIEU DU GROUPE DES VERTS ?

Atypique parce que j'étais le plus jeune, mais j'avais de bons potes, à commencer par Dominique Bathenay, un joueur de ma génération arrivé en même temps que moi au club. L'Argentin Oswaldo Piazza était plus vieux que moi, mais je l'aimais beaucoup. Il y avait une telle osmose dans le groupe. Les mecs s'entendaient vraiment bien.

✔ CETTE SOLIDARITÉ, CE N'EST PAS UNE LÉGENDE ?

Non, non, c'est la vérité. C'est ce qui faisait notre force. Les mecs s'appréciaient. Il y avait un mélange de générations, mais beaucoup d'entre nous avaient été formés ensemble.

✔ QUEL EST LE SOUVENIR LE PLUS FORT DE VOTRE CARRIÈRE ?

Je vais décevoir les nombreux supporters des Verts, mais ce sont quand même les Coupes du monde. J'avais regardé gamin les éditions 1966 et 1970 à la télé. Alors, devenir acteur de cet événement, c'était formidable. En plus, j'en ai disputé trois (1978, 1982, 1986) et dans de grands pays de football. J'ai adoré aussi les finales de Coupe de France. Mais évidemment, j'ai aussi aimé cette saison 1976.

✔ VOUS QUI ÊTES MAINTENANT DIRIGEANT À SAINT-ÉTIENNE, PENSEZ-VOUS QUE LES VERTS DISPUTERONT DE NOUVEAU UN JOUR UNE FINALE EUROPÉENNE ?

Quand je vois Leicester sacré champion d'Angleterre, je me dis pourquoi pas ?

28 mai 2016, Stade San Siro, Milan

REAL MADRID - ATLÉTICO MADRID : 1-1 (5-3 aux t.a.b.)

LE TRIOMPHE DE ZIDANE

Cinq mois après avoir repris le Real Madrid, Zinedine Zidane le conduit au sommet de l'Europe. Il n'est que le deuxième entraîneur français à inscrire son nom au palmarès.

L'affaire est spéciale, même si elle ne lèvera pas le voile sur un malentendu qui dure, qui dure. Zinedine Zidane a beau être l'entraîneur du Real Madrid depuis le 4 janvier, il peut bien disputer la finale de la Ligue des champions, cela n'est guère sérieux, cela ne tient pas debout. Zidane, évidemment, fut. Le talent pur, l'instinct, la vision du jeu. Mais comment pourrait-il être un entraîneur qui gagne, un technicien crédible ?

Une partie de la France et de ses médias n'est pas goguenarde, elle est certaine. Depuis dix ans que l'ancien capitaine de l'équipe de France a remisé ses crampons, c'est le benêt Zidane qui occupe l'espace. Il ne sait pas ce qu'il veut, il a peur de s'engager à Bordeaux, il ne met pas de dérouillées à toute l'Espagne avec l'équipe B du Real… Alors, bien sûr, le voilà en finale de la plus grande des compétitions de clubs du monde, mais après tout, il a juste fallu au Real passer sur Wolfsburg et Manchester City pour en arriver là. L'Atlético, c'est autre chose.

L'Atlético, c'est Diego. Simeone, sur un terrain, ce n'était pas Zidane ; il était plus souvent occupé à lui mettre des coups de lattes. Mais sur son banc, dans son approche du football, c'est autre chose. Punchlines qui font mouche et entretiennent l'idée d'un charisme très XXIe siècle. Et puis, c'est la deuxième fois qu'il affronte le voisin madrilène en finale de Ligue des champions et son parcours plaide pour l'Atlético : Barça et Bayern éliminés, donc c'est mérité, c'est un dû cette fois.

Certes, le match tient peu de ses promesses initiales. On l'oubliera vite. Le Real prend l'avantage grâce à Ramos (15e, 1-0), semble dominer son affaire, mais est alerté une première fois par

« Il a changé l'histoire récente du Real. C'est un homme très sérieux dans son travail. Il symbolise le madridisme et ses valeurs : respect, humilité et talent.

FLORENTINO PÉREZ

Zidane célébré par ses joueurs du Real après sa première victoire en Ligue des champions comme entraîneur.

un penalty accordé à son adversaire à la suite d'une faute de Pepe sur Fernando Torres. Antoine Griezmann s'avance et frappe sur la barre. Dommage : le Français aurait pu laisser une sacrée trace sur la saison dès fin mai. Mais tout le monde n'est pas Zidane…

LE REAL RAFLE PRESQUE UN TROPHÉE SUR CINQ

L'Atlético finit par égaliser quand même grâce à l'ancien Monégasque Yannick Ferreira-Carrasco (1-1, 79e). Comme le Real semble cuit physiquement, la cote de l'Atlético remonte fortement. Même avant les tirs au but finalement dominés par Cristiano Ronaldo et les siens. Onzième Ligue des champions pour le Real Madrid, ce qui est statistiquement très, très costaud : 18 % des trophées lui sont revenus depuis 1955, date de la création de l'épreuve.

Troisième pour Zidane : une comme joueur (2002), une comme adjoint (2014) et celle-ci comme entraîneur. Il devient le septième de l'histoire à la remporter sur la pelouse et sur le banc après Miguel Munoz, Johan Cruyff, Giovanni Trapattoni, Frank Rijkaard, Pep Guardiola et Carlo Ancelotti. Il est seulement le deuxième entraîneur français à y parvenir, cinquante ans après Helenio Herrera (1964 et 1965 avec l'Inter). Et comme Pep Guardiola en 2009 avec Barcelone, il s'impose à l'issue de sa première saison sur le banc… « Il a permis cette victoire, estime Sergio Ramos. Il a amené son côté positif. » « Il a changé l'histoire récente du Real, reconnaît le président Florentino Pérez. C'est un homme très sérieux dans son travail. Il symbolise le madridisme et ses valeurs : respect, humilité et talent. »

L'intéressé croit que « lorsque vous avez des joueurs de ce calibre, vous pouvez réussir beaucoup de choses ». Il n'en faut pas moins aux sceptiques pour expliquer que la clé du succès est là : dans cet effectif, ces millions dépensés par le Real. Comment échouer avec une telle armada ? Cette armada, attendue à l'automne dans la poule du Paris SG comme tout à fait abordable… Mais c'est l'histoire d'un malentendu. Même triomphant, Zidane ne saurait avoir gain de cause. Il lui sera demandé de répéter, de confirmer. Cette vie-là est un théâtre, une pantomime désuète et même ridicule car une seule vérité compte : en cinq mois, le Français a conduit un club à la dérive au sommet de l'Europe. Le mérite de ce succès lui revient en grande partie et si cela ne lui garantit en rien un avenir triomphant, c'est bien suffisant pour ôter toute réserve.

IMPLACABLE ATLÉTICO

Solide, solidaire et vif, l'Atlético Madrid surprend le Bayern avant de lui résister proprement. Pep Guardiola bute sur un club espagnol pour la troisième fois d'affilée tandis que Diego Simeone retrouve la finale, deux ans après.

Si les dynamiques de début de saison auraient dû positionner le Bayern Munich dans le rôle de l'immense favori de la demi-finale de Ligue des champions face à l'Atlético Madrid, les quarts de finale qui précèdent cette confrontation obligent à réviser ce jugement. D'abord, le Bayern, que l'annonce du départ vers Manchester City de son entraîneur, Pep Guardiola, a plombé depuis deux mois, s'est sorti péniblement de son affrontement avec la Juventus Turin (2-2, 4-2 après prolongation). Ensuite, l'Atlético, qui habite au sommet de la Liga, vient d'éliminer Barcelone, le tenant du titre (1-2, 2-0), avec une maîtrise inquiétante pour n'importe quel adversaire. Xabi Alonso, qui a fréquenté la Liga et la connaît, ne semble pas s'y tromper. « Cette équipe appartient à l'élite, estime le milieu du Bayern. Ce n'est pas une surprise de la voir là. L'Atlético a toujours été une formation difficile à jouer, c'est désormais un adversaire redoutable. »

Surtout, les Allemands commencent à s'habituer à jouer les victimes de clubs espagnols. « Cela fait deux années de rang que nous sortons en demi-finale contre une équipe de Liga (le Real en 2014, Barcelone en 2015), note Thomas Müller. Nous savons donc à quoi nous attendre. L'Atlético s'accroche et ne lâche jamais rien. » Bien résumé. L'équipe de Diego Simeone est fatigante à regarder, parfois, mais elle l'est bien davantage à renverser. Soli-

Le trio Griezmann-Koke-Torres,
arme fatale de l'Atlético.

dité, sens du sacrifice, abnégation. Symbole de ceux qui n'ont rien, même si elle devrait émarger dans la catégorie de ceux qui ont moins, la deuxième équipe madrilène charrie des flots de sentiments contradictoires. Elle porte en elle l'essence d'un sport collectif et une idée certaine d'altruisme et de générosité. Elle incarne merveilleusement l'adaptation d'un staff à ses moyens et à son effectif. Elle séduit par cette manière de suivre la ligne du parti sans rechigner et avec le sourire, dans le seul souci du bonheur de tous, loin des plaisirs individuels et des excès qu'ils pourraient engendrer. Il n'y a pas vraiment de star emblématique, si ce n'est l'entraîneur, Diego Simeone, au charisme magnétique de chef de meute, de leader maximal.

GUARDIOLA : « L'ATLÉTICO DÉFEND BIEN, MAIS PAS SEULEMENT »

Évidemment, ces mêmes ingrédients, ces mêmes qualités sont moins soulignés au gloss lorsque la recette est concoctée par des Allemands ou des Italiens, mais ainsi va la vie : puisque son budget est loin, très loin, de ceux des autres participants aux demi-finales (230 millions contre 500 à 700 millions pour le Bayern, City et le Real), l'Atlético reçoit un crédit de sympathie, un remerciement symbolique, comme le rachat d'un bout de moralité de la part de ceux qui prônent la pureté mais se pâment à longueur d'année devant les armadas anglaises (souvent) bâties à la force du poignet qui signe les chèques. Pep Guardiola n'est pas dupe de cela. Lui qui fut célébré comme un génie, héritier de Cruyff, super mutant génétiquement modifié par les rayons Barça, est désormais le technicien qui, au choix :

– peine à imposer un jeu enlevé et sophistiqué à ces bourrins de Bavarois ;

– pourrait échouer après trois ans au Bayern s'il ne remporte pas la C1.

Le Catalan est malin et rejette l'opposition schématique qui enveloppe l'avant-match. « Les gens se contentent de dire que l'Atlético est une équipe qui défend bien, dit-il. C'est vrai ; elle défend bien, mais pas seulement. Il y a de très bons tireurs de coups francs, elle peut faire très mal sur les phases arrêtées. Et en contre-attaque, elle va très vite, dispose d'un bloc défensif très solide et difficile à contourner. Mais tout cela s'inscrit dans un ensemble. C'est l'égal du Real et du Barça aujourd'hui. » Pour sa cinquième demi-finale d'affilée, le Bayern a compris que ce serait « difficile » d'autant qu'à Madrid le souvenir de 1974 ne s'est pas effacé. Quarante-deux ans plus tôt, l'Atlético a perdu la seule finale rejouée (1-1) et remportée par le Bayern (4-1) à une époque où Uli Hoeness, Gerd Müller, Luis Aragones étaient sur la pelouse. « Ne faisons pas semblant, annonce d'ailleurs Filipe Luis, pour tout le monde ici, c'est une revanche de cette finale. »

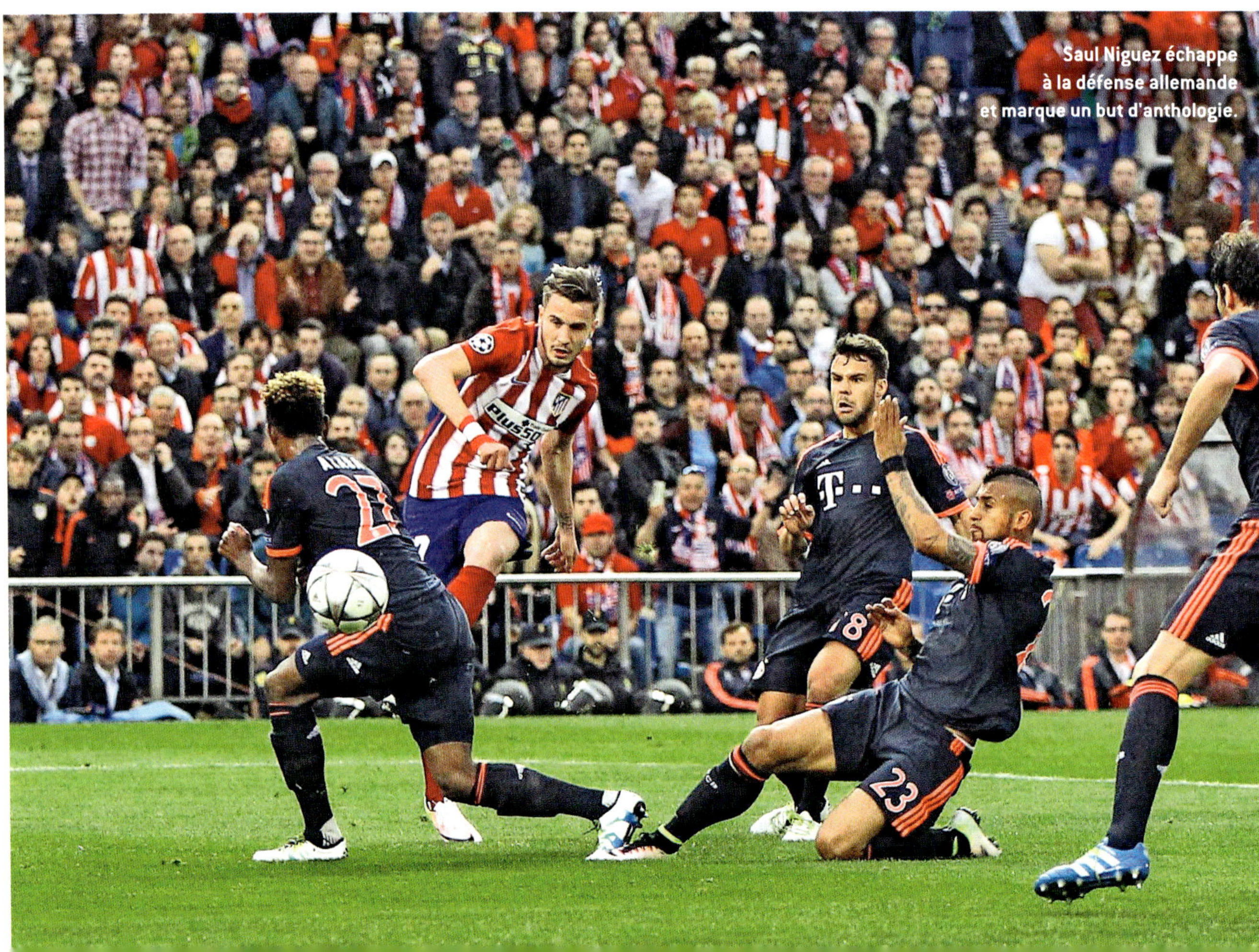
Saul Niguez échappe à la défense allemande et marque un but d'anthologie.

Les Bavarois ne devaient pas vraiment être au courant alors, parce que pendant les vingt-cinq premières minutes, ils paraissent anesthésiés. Piqués par le but de Saul Niguez (1-0, 11e), ils peinent à revenir dans le match et malgré une deuxième période mieux maîtrisée, ils éprouvent comme d'autres avant eux la dureté du collectif espagnol qui ne compte pas s'arrêter là. « Il faudra souffrir et continuer à souffrir face à une grande équipe comme le Bayern », annonce Fernando Torres. « Ce n'est pas la meilleure façon de commencer cette demi-finale, mais tout peut encore arriver à Munich », prévient le défenseur autrichien David Alaba. Les Allemands sont frustrés parce que leur coup tactique n'a pas fonctionné. Thomas Müller, sur le banc au coup d'envoi, a manqué à son équipe. « Nous voulions être agressifs et jouer en profondeur sur les côtés, c'est pour cela que j'ai aligné Kingsley Coman d'entrée, explique Guardiola. Mais nous avons mal débuté cette rencontre, je dois le reconnaître. Le but de Saul Niguez est fantastique, mais nous avons eu des occasions de revenir. Il n'a manqué qu'un but. »

Il manquera toujours, au final. À Munich, les Bavarois sont plus agressifs, dominent, et pas seulement dans la possession de balle. Lorsque Xabi Alonso ouvre le score (31e, 1-0), il semble que l'Atlético soit voué, pour une fois, à se faire marcher dessus tant il est exsangue, ballotté. Mais sur un contre éclair, Torres remise pour Antoine Griezmann qui profite de la maladresse d'Alaba pour filer vers le but et placer le ballon sur la gauche de Manuel Neuer, sorti à sa rencontre (54e, 1-1). Le Bayern peut-il marquer deux fois ? Cela semble improbable d'autant qu'il a eu sa chance, à la 35e minute, lorsque Oblak a repoussé le penalty de Müller. Le but de Lewandowski (74e, 2-1) permet d'enflammer la fin de rencontre, mais, malgré de belles occasions, les Allemands se montrent inefficaces. Javi Martinez provoque même un penalty (inexistant car la faute est très en dehors de la surface) en fauchant Torres, mais l'ancien attaquant de Liverpool et Chelsea trouve Neuer sur sa route (83e).

Deux ans après, l'Atlético retrouve la finale de la C1, ce qui ne peut être un hasard total. Diego Simeone s'en réjouit, mais rend d'abord hommage à sa victime du jour, estimant avoir rarement vu un aussi beau football que celui montré par le Bayern. « C'était un très beau match, très intéressant, valide Guardiola. Sans doute un grand match pour les amateurs de foot. Il faut féliciter l'Atlético, même si je suis triste pour les joueurs et le public munichois. » Il est éliminé en demi-finale pour la troisième fois consécutive, encore par un club espagnol. Manchester City espère certainement que cette malédiction ne le suivra pas en Angleterre.

« C'était un très beau match, très intéressant. Sans doute un grand match pour les amateurs de foot.

PEP GUARDIOLA

54e minute du match : plein de sang-froid, Griezmann égalise du plat du pied.

LE REAL, FORCE TRANQUILLE

Deux matchs assez ennuyeux permettent au Real Madrid, solide défensivement, d'atteindre une nouvelle fois la finale de la C1. Pour la 14e fois de son histoire.

Forcément inédite, puisque Manchester City n'a jamais atteint ce stade de la compétition, la demi-finale entre les Mancuniens et le Real Madrid, qui dispute sa sixième demi-finale de C1 d'affilée, s'annonce plus indécise qu'il n'y paraît. L'histoire et le palmarès parlent en faveur du recordman de l'épreuve (le Real a remporté dix fois la plus prestigieuse des Coupes européennes), mais sa saison balisée d'incertitudes et son effectif malmené par les blessures, notamment celles de Cristiano Ronaldo et Karim Benzema, ouvrent des possibilités au dernier représentant anglais. Surtout, Wolfsburg, en s'imposant à domicile (2-0) en quart de finale, a démontré qu'il était possible de surfer sur la fragilité de la formation espagnole. « Il faudra s'en souvenir, prévient le Gallois du Real, Gareth Bale. À nous d'être plus patients, plus intelligents et de jouer en équipe. » « Il est important de profiter de quelque chose qui n'arrive pas tous les ans, conseille de son côté Manuel Pellegrini à ses joueurs. Il faudra jouer avec le cœur brûlant, mais la tête froide. » Dans leur stade, généralement assez calme, les Citizens espèrent un public plus actif que d'ordinaire : « À quoi cela sert-il, sinon, d'acheter un billet ? » interroge le capitaine Vincent Kompany.

C'est vrai que l'Etihad Stadium, trop grand pour le Paris SG au tour précédent, n'a rien pour effrayer les stars du Real, même si Cristiano Ronaldo a peu de chances de fouler la pelouse. Zinedine Zidane, l'entraîneur des « Merengue », avoue d'ailleurs, tout sourire, qu'il est assez serein. « Pendant le match, ce n'est pas sûr, mais avant et après, je suis tranquille. » « Tranquille », ce serait le mot pour qualifier la première manche. Un terme poli pour ne pas dire que c'était insipide, mou, ennuyeux, barbant, vide. Aucun but, mais aussi peu d'occasions, peu de gestes justes. Cristiano Ronaldo est resté en tribune. « Ma cuisse est encore sensible et nous n'avons pas voulu prendre le moindre risque, explique le Por-

« Aucune des deux équipes ne méritait de gagner ce match et on n'a pas vu beaucoup de football en 180 minutes…

MANUEL PELLEGRINI

Longtemps la défense des Citizens emmené par Otamendi aura contrecarré les plans de Ronaldo et du Real.

Joe Hart, comme à la parade.

tugais. Si ça avait été la finale, j'aurais joué. » Karim Benzema, lui, tient sa place, mais à moitié. Au repos, il est remplacé. « La douleur s'est réveillée au fil de la rencontre, expliquera Zidane. Et cela m'a semblé plus prudent de ne pas continuer. » Voici les rares faits dignes d'intérêt. Et cela contrarie quand même l'ancien coach de Villarreal, de Málaga et du Real, Manuel Pellegrini : « Nous n'avons pas assez créé pour marquer, nous avons réellement péché dans l'animation offensive. Je ne pense pas pour autant que le Real soit favori, nous avons autant de chances de passer que lui. »

PELLEGRINI : « ON N'A PAS VU BEAUCOUP DE FOOT »

À l'opposé, Zidane se montre satisfait. Positiver et motiver ses joueurs, ainsi fonctionne le Français, qui ne manque jamais l'occasion de pointer leur sens du collectif, quitte à forcer le trait. « Je suis vraiment content parce que nous avons bien défendu, dit-il. Cela fut un match de grande intensité et nous n'avons pas concédé beaucoup d'occasions. Mais ça reste du 50-50, sauf qu'on jouera chez nous et on sait ce dont nous sommes capables à domicile. » Surtout si Ronaldo joue, ce qui est le cas, contrairement à Benzema, pas suffisamment remis de ses soucis à la cuisse. « La solution, c'est de jouer le contre, prévient Kompany. Si on y parvient correctement, ça peut faire mal. » Sauf que face au Real, qui possède beaucoup le ballon, ce n'est pas aussi simple. Il faut s'attendre à prendre les vagues, même approximatives, même maladroites. Et d'ailleurs, sur un tir dévié par Fernando dans son propre but, le club espagnol prend l'avantage dès la première période (20e, 1-0). « On prend ce but chanceux et ensuite, ils gèrent le match », constatera le défenseur français Eliaquim Mangala. De quoi, à nouveau, alimenter la frustration de son entraîneur : « Je ne suis pas content de ce que nous avons fait ce soir. Nous n'avons pas fait assez pour avoir la chance d'aller en finale. Aucune des deux équipes ne méritait de gagner ce match et on n'a pas vu beaucoup de football en 180 minutes… Et j'insiste : le Real n'a pas montré davantage que Manchester City ! »

Mais le voilà en finale, encore une fois, comme en 2014, deux ans plus tôt lorsqu'il avait gagné face à… l'Atlético. « Impossible de désigner un favori, prévient Zidane. L'Atlético et le Real ont tous les deux mérité de se qualifier et c'est aux joueurs que revient le mérite. » Le Français garde sa ligne éditoriale : « Nous n'avons rien gagné », martèle-t-il, tout en reconnaissant vouloir « profiter de ce beau moment ». Le plus difficile l'attend. Si son parcours à la tête du Real ressemble déjà à une réussite, il sait que le scepticisme accompagne ses performances. Manchester City et Wolfsburg comme victimes soi-disant faciles, cela sert le propos de ceux qui jugent le costume trop grand pour l'ancien meneur de jeu des Bleus. C'est donc à Milan que le Français devra consolider son propre destin en écrivant, ou non, la grande histoire du Real Madrid.

Jesé peut exulter et Otamendi se lamenter, le Real tient sa finale.

UNE FORMALITÉ (OU PRESQUE)

Pour Paris, il n'y a plus que des pièges à attendre d'une phase de poules de Ligue des champions. Même lorsqu'on y croise le Real Madrid de Ronaldo.

On ne sait s'il s'agit d'une récompense ou d'une malédiction, mais l'entrée en lice du Paris SG en Ligue des champions ne suscite aucune excitation. Ainsi en va-t-il de l'ambition, lorsqu'elle est déclinée sur tous les tons, saison après saison. On connaît désormais la chanson, et, à peine champion, Paris ne pense qu'à placer son nom au sommet de la plus prestigieuse des compétitions.

De vilaines langues pourraient y voir un comique de répétition tant, parfois, il y a de prétention dans cet affichage régulier d'une volonté jamais couronnée. Mais cette persévérance, finalement, tient en haleine la France du football qui, si elle veut encore exister une fois les neiges fondues, ne peut s'en remettre qu'au club de sa capitale. Si le PSG s'invite dans la cour des grands par la parole davantage que par les actes, il n'en reste pas moins que son parcours en phase de poules ne soulève plus aucun doute. Son destin est d'en sortir, ses finances sont son sauf-conduit, son assurance contre toute mauvaise fortune.

On ne sait jamais évidemment, et cela arrive bien à d'autres de temps en temps. Mais, franchement, qui peut avoir peur de Malmö ou du Chakhtior Donetsk dans un groupe où la bagarre pour la première place se jouera entre Paris et le Real Madrid. Le Real, vainqueur de l'épreuve un an auparavant, recordman de succès dans l'histoire de la C1 (10) et que l'on place donc au même rang que le club parisien. C'est sans doute une des premières grandes victoires des dirigeants parisiens et de leur actionnaire du Qatar : les palmarès ne parlent plus, l'histoire s'est tue au profit des comparaisons de budgets et de masses salariales.

BLANC : « LA C1, C'EST PRIMORDIAL POUR PARIS »

Heureusement, dans ce monde épris de romantisme, d'esprit chevaleresque et de gentilhommerie, il est des garçons sachant rappeler quelques vérités terre à terre. Comme Laurent Blanc. « L'important, ce sera de gagner, annonce-t-il avant le premier match, qui oppose son équipe aux Suédois de Malmö. La Ligue des champions, c'est primordial pour Paris. » Tout est dit, donc. À force d'être comparé sur le papier, comme on dit, de se mesurer à coups de centaines de millions, de s'évaluer en actifs-joueurs, Paris est de plus en plus condamné à gagner cette Ligue des champions sous peine d'amuser ceux qui ne supportent pas ce

« C'est une sensation extraordinaire de rencontrer mon ancienne équipe.

ZLATAN IBRAHIMOVIC

Opposé au gardien madrilène Keylor Navas, Cavani repart bredouille de Santiago Bernabéu.

Contre le Chakhtior Donetsk, David Luiz et Paris contrôlent.

club. Pire encore, le PSG demeurerait-il dans sa condition de parvenu aux dents longues mais régulièrement cassées par d'autres qui ont, au choix ou en cumulé, plus d'ancienneté, plus d'habileté, plus d'argent, plus de talent, plus d'idées, plus de culture ?

Normalement, ce n'est pas face à Malmö qu'on vérifie tout cela. Trop tôt, trop faible. Incertain avant la rencontre, Zlatan Ibrahimovic tient sa place. « C'est une sensation extraordinaire de rencontrer mon ancienne équipe », se délecte le Suédois. L'Argentin Ángel Di María (4ᵉ) et l'Uruguayen Edinson Cavani (61ᵉ) sont les buteurs du succès parisien (2-0), confirmé deux semaines plus tard en Ukraine. À Lviv, où le Chakhtior reçoit le PSG, l'affaire est pliée en moins d'une demi-heure par l'Ivoirien Serge Aurier (7ᵉ) et le Brésilien David Luiz (23ᵉ). Un but contre son camp de Srna à la dernière minute permet au champion de France de repartir avec un large succès (3-0). « Je ne pense pas qu'on méritait une telle défaite, constate l'entraîneur Mircea Lucescu. Mais comme le Real, Paris est bâti pour disputer une telle compétition. »

BENITEZ : « AVEC RONALDO, LE REAL A LA GARANTIE DE MARQUER »

Nous y revoilà donc. Et ça tombe bien, le match d'après est une confrontation avec le Real au Parc des Princes sans Karim Benzema, blessé. « En ce qui concerne les joueurs, on peut se comparer en toute humilité au Real, estime Blanc. Mais pas sur le plan du palmarès : le Real est un géant d'Europe, Paris ne l'est pas encore. » De son côté, l'entraîneur espagnol, Rafael Benitez, est logiquement loin de ces préoccupations et comparaisons. Il est surtout convaincu « de disposer avec Ronaldo de la garantie de marquer ». Un 0-0 plus loin, « tout le monde s'attendait à mieux », résume Laurent Blanc. « Il ne manquait qu'un seul détail : un but », analyse, observateur, son collègue ibère.

La revanche, programmée une douzaine de jours plus tard, tiendra-t-elle mieux ses promesses ? « Ce sera comme une finale », annonce le défenseur brésilien Marcelo. Et « pour faire une grande performance, il faudra monter d'un ton dans tous les domaines », convient Laurent Blanc, dont l'équipe réalise une belle première période. Solide, enjouée, dominante même. Sauf que Nacho marque le seul but du match (35ᵉ, 1-0) sans que personne ne l'ait vraiment vu venir. « Le foot peut être ainsi parfois… souffle Laurent Blanc. Le but a été étrange et il y a bien des choses que nous aurions pu faire pour l'éviter. » Mou dans l'action, le Paris SG le fut pourtant moins que son adversaire lors de toute la partie. « Le PSG nous a posé des problèmes », reconnaît Rafael Benitez, mais le Real, avec 10 points déjà en quatre matchs, est qualifié. Ce qui n'est pas encore le cas des Parisiens.

Retour à Malmö pour Zlatan Ibrahimovic.

Ils n'attendront que la journée suivante pour valider leur billet. À Malmö, ville natale d'Ibra, le Suédois est d'ailleurs buteur avec Adrien Rabiot, Ángel Di María (deux fois) et Lucas pour un 5-0 qui assure aux Parisiens la deuxième place du groupe. « Nous avions marqué deux fois après quinze minutes et Malmö a compris, se réjouit Laurent Blanc. Nous avons été dévastateurs. » Le dernier match, « sans enjeu » (Blanc), est maîtrisé par le Paris SG (2-0 face au Chakthior grâce à Lucas et Ibrahimovic) qui, déjà, a la tête au tirage au sort. « Comme tous les deuxièmes de poules, on souhaite éviter un huitième contre les deux favoris (Barcelone et Bayern), reconnaît Laurent Blanc. Mais, paradoxalement, ce qui m'a donné le plus de satisfaction jusque-là, c'est la défaite contre le Real. Ce match a montré que nous pouvions rivaliser avec certains grands clubs. » Chelsea appartient-il à cette catégorie ? Sans doute pas cette saison, mais en tombant à nouveau sur le club londonien – pour la troisième fois de rang en phase à élimination directe –, Paris aura l'occasion de vérifier s'il a franchi un palier ou si ses ambitions ne riment qu'avec illusions.

MICHEL avait un mariage

Lorsqu'on évoque le Real Madrid au Paris SG, cela ravive des souvenirs positifs car deux saisons d'affilée le club parisien a éliminé le géant espagnol. En 1993, en quart de finale de la Coupe UEFA (1-3, 4-1 a.p.), et en 1994, en quart de finale de la Coupe des Coupes (1-0 ; 1-1). Si tous les acteurs parisiens de l'époque ne fréquentent plus la L1 de près (hormis le directeur sportif de Caen, Xavier Gravelaine), Michel, entraîneur de l'OM en 2015-2016, était ces deux saisons-là un des hommes de base du Real Madrid (il marqua même sur penalty lors de la victoire du Real, 3-1, en Coupe UEFA). Plus de vingt ans après, il croit « avoir été à un mariage » le jour du match retour au Parc des Princes. Boutade, puisqu'il était bien présent sur la pelouse.

8e DE FINALE
16 février 2016 - 9 mars 2016

PARIS SAINT-GERMAIN - CHELSEA FC : 2-1 - 2-1

PARIS
TOUT EN MAÎTRISE

Encore Chelsea... Pour la troisième fois d'affilée, Paris retrouve les Blues en Ligue des champions. Lassant ? Mais idéal pour mesurer le cap franchi par le PSG.

Comme disent les Anglais, il y a un air de déjà-vu avec ce huitième de finale. C'est le même que la saison précédente, tout simplement. Chelsea semble promis à Paris et inversement. En 2015, les Parisiens ont passé l'obstacle, ce qui a donné l'impression d'un progrès, du franchissement d'une marche car, en 2014, ils avaient subi la loi des Blues en quart de finale. Il y a donc un sentiment étrange à l'énoncé de ce tirage sans surprise. C'est que, en plus de ce succès d'il y a un an, qui lui donne logiquement un sentiment de supériorité, Paris s'apprête à défier un fantôme.

La saison de Chelsea, jusque-là, est un râle continu haché par des hoquettements. Les Blues naviguent en deuxième partie de tableau de la Premier League, ils regardent derrière eux depuis le début de la saison pour s'assurer que la relégation n'est qu'un fantasme. Cela va si mal que même José Mourinho n'a pas résisté. Le « Special One » a usé son vestiaire, ses dirigeants et les supporters. Il y a gagné une disgrâce inattendue qui raconte combien l'heure est grave. Comment, dans ce contexte, le Paris SG, qui emporte tout sur son passage en France, restant sur 44 rencontres sans défaite dans les compétitions domestiques, n'ayant connu jusque-là qu'un revers, à Madrid, face au Real (0-1), peut-il ne pas être le favori de cette confrontation ?

La seule anicroche est une anecdote, une farce. Serge Aurier ne sera pas de la partie. Il a été sanctionné par son club et renvoyé quelques semaines avec la réserve, en CFA. Sa faute ? Avoir moqué son entraîneur, Laurent Blanc, et certains de ses partenaires, dont son concurrent Gregory Van der Wiel au poste d'arrière droit, lors d'une session sur Periscope. Pendant que le débat de société fait rage (insondable bêtise ? reflet de la jeunesse ? faute professionnelle ? maladresse dont l'auteur est la première victime ?), il se prépare donc à fond de cale, à regarder de loin, avec un autre genre de périscope, son équipe face à son destin. « Depuis le tirage au sort, ce match nous fait saliver, révèle Blanc. À juste titre. Un joueur s'est mis hors jeu et ne sera pas là. Pour le reste, la préparation est quasi identique. »

HIDDINK L'A DÉJÀ GAGNÉE

L'ancien sélectionneur sait que « la saison de Paris sera jugée à travers la Ligue des champions » et ne cherche pas à finasser au moment de comparer les forces en présence : « Nous sommes dans une catégorie de clubs qui est vraiment très forte. Je pense que nous sommes armés pour disputer ce genre de match. Ce sera serré, agressif et délicat car Chelsea est difficile à manœuvrer et son entraîneur a une forte expérience de la Coupe d'Europe. » Juste. Guus Hiddink l'a même remportée lorsqu'il dirigeait le PSV Eindhoven, en 1988. Et le technicien néerlandais, débarqué à peine deux mois plus tôt, sait qu'un parcours européen de qualité sauverait la saison de son club. « Chelsea a besoin de la Ligue des

Ibrahimovic, buteur lors du match aller : une délivrance.

champions pour embellir sa saison, et c'est pour ça que je m'en méfie davantage que l'an dernier », prévient d'ailleurs le milieu parisien Marco Verratti.

Pour Hiddink, c'est vrai, « ce huitième est un véritable test, car Chelsea est en net progrès, même si nous ne sommes pas encore capables d'imposer notre style de jeu ».

Sur la pelouse, les choses se passent comme prévu. Chelsea n'est guère chatoyant, mais pénible. Et quand Paris, grâce à Zlatan Ibrahimovic, pense avoir déverrouillé la situation (39e, 1-0), il est rejoint sur le fil, dans les arrêts de jeu de la première période (Obi Mikel, 45e+1, 1-1). À cet instant, au Parc des Princes, ce n'est pas très positif. Ce le sera un peu plus en fin de rencontre, lorsque Edinson Cavani aura scellé le succès parisien (78e, 2-1), mais la vérité statistique et sportive est que Chelsea repart avec une défaite qui n'est pas si déplaisante. « On l'annonçait en difficulté, mais cette équipe retrouve des couleurs, insiste Blanc. J'étais contrarié à la pause par ce but encaissé dans les arrêts de jeu et c'est un de mes plus grands regrets. Chelsea a marqué ce but à l'extérieur et il nous revient maintenant d'aller là-bas avec l'ambition de marquer à notre tour. »

L'AMBITION D'ALLER PLUS LOIN

Maxwell, son latéral gauche, semble moins préoccupé ; il est même « très content et espère que ce sera suffisant ». Idem pour Ibra : « Où qu'on aille, on joue notre jeu. Tout peut arriver au retour, mais je suis confiant. » Comme le rappelle Laurent Blanc la veille du match retour à Stamford Bridge, « Paris est qualifié, mais il va falloir jouer avec ses propres idées et imposer notre jeu à l'adversaire ». Le fil sera dans cette deuxième manche similaire à celui de l'aller. Cela commence bien avec « ce but à l'extérieur » rapidement inscrit par Adrien Rabiot (16e, 0-1). Et puis, l'insusable, fatigant et agaçant Diego Costa égalise (27e, 1-1). Paris, cependant, reste qualifié. Il l'est tout au long de la seconde période et davantage encore lorsque Ibrahimovic marque le but de la victoire (67e, 1-2) à un instant où les Blues semblaient en mesure d'arracher au moins la prolongation. *Game over* pour Chelsea, contraint alors de marquer trois fois en vingt minutes… « Nous avons trop respecté cette équipe de Paris en début de match, peste Hiddink. On n'a pas réussi à rester serein et à inscrire ce deuxième but. »

Aux regrets du Néerlandais fait écho la satisfaction de Laurent Blanc. Il a vu son équipe « pleine de maîtrise et d'efficacité dans les mouvements offensifs ». « On ne va pas s'arrêter là », s'enthousiasme Ibrahimovic tandis que le capitaine, Thiago Silva, s'emballe : « La qualité des joueurs a fait la différence. On peut aller loin en continuant comme ça. » Loin, ce sera quelques centaines de kilomètres plus au nord. À Manchester. C'est encore en Angleterre, au tour suivant, que Paris devra écrire la suite de son histoire.

Premier buteur, Rabiot propulse Paris vers la qualification.

QUARTS DE FINALE
6 avril 2016 - 12 avril 2016
PARIS SAINT-GERMAIN - MANCHESTER CITY : 2-2 - 0-1

PARIS ENCORE DANS LE MUR

Quatrième élimination d'affilée en quart de finale de Ligue des champions pour le Paris SG. Est-ce si surprenant ?

L'entendez-vous ? Un sifflement léger, un soufflé qui s'affaisse, un souffle qui se perd et puis, plus rien sinon un silence embarrassant. De plus en plus perceptible au fil du temps qui passe, voici le bruit qui escorte le Paris SG vers la sortie de la Ligue des champions, à la porte de ses immenses ambitions. L'histoire de ce bruit, cette fois, rime avec City. Le club de Manchester, contrairement à United, n'est pas habitué, le printemps venu, à l'air de la Ligue des champions, celui qui accompagne l'entrée des joueurs, celui qu'ils respirent à l'altitude des quarts de finale. Les Citizens fréquentent ces hauteurs pour la première fois de leur histoire tandis que Paris y a obtenu sa carte pour la quatrième année d'affilée.

Suffisant pour estimer que le champion de France est favori. Depuis le tirage, il est d'ailleurs acquis que c'est une bonne affaire pour le Paris SG d'avoir évité le Bayern et surtout Barcelone. Et que Manchester City devrait ouvrir enfin la route du dernier carré au club français. Pourtant, avec un effectif qui compte en moyenne un peu plus de 42 sélections (10 de moins pour celui du PSG), l'équipe du Chilien Manuel Pellegrini semble au moins autant armée que l'effectif parisien. Pas de Zlatan ? Oui, mais Sergio Agüero, qui compte parmi les meilleurs buteurs de Premier League depuis trois saisons. Pas de stars du calibre de Di Maria ou David Luiz ? Ah bon ? Mais David Silva, double champion d'Europe et champion du monde avec l'Espagne, ou Yaya Touré, sans doute le meilleur joueur africain des trois dernières années. Et puis Kevin De Bruyne, étoile montante du football belge, qui avait préféré City à Paris au moment de quitter la Bundesliga quelques mois plus tôt.

BLANC : « FAVORI ? JE M'EN FOUS »

Bref, ce sentiment curieux qui se transforme en analyse étrange semble aveugler les plus grands experts du football national, oublieux d'un détail qui, au plus haut niveau, a pourtant un peu d'importance : les joueurs du Paris SG ne sont guère habitués aux grands succès et ils sont individuellement, tout autant que le club, à la recherche d'un triomphe majeur. Ce n'est pas leur expérience supplémentaire à ce niveau de la Ligue des champions qui peut vraiment servir de référence, mais pris dans l'ambiance générale, même s'il tente de s'en défendre (« Favori ? Je m'en fous »), Laurent Blanc croit y percevoir un avantage : « L'expérience accumulée toutes ces années peut jouer. City, au niveau de l'Europe, est un peu plus en retard que nous. Cela prouve que ce que le Paris SG a réalisé n'est pas si facile. »

Privé de son capitaine, le défenseur belge Vincent Kompany, et de son milieu Yaya Touré, tous les deux blessés au mollet, Manchester City se présente aussi sans Samir Nasri, que le club n'a pas inscrit sur la liste des joueurs alignés en Ligue des

Duel aérien entre
Ibrahimovic et Sagna.

champions. Du côté parisien, le mollet est défaillant aussi chez l'Argentin Javier Pastore, tandis que le milieu italien Marco Verratti (pubalgie) semble forfait pour les deux rencontres. Mais les deux équipes arrivent lancées sur ce quart de finale. City vient de battre facilement Bournemouth (4-0) et Paris a étrillé Nice (4-1). « Ce sont deux équipes qui aiment avoir le ballon et attaquer », remarque Pellegrini. Ce que confirme Blanc : « Une des clés sera la possession, car City a les mêmes qualités et les mêmes défauts que nous et préfère jouer que subir. » « Si nous ne parvenons pas à gagner au Parc des Princes, nous allons déjà tenter de marquer des buts », annonce Pellegrini.

Finalement, Paris aura deux tiers de la possession de balle (64 %), mais ne marquera pas deux fois plus que son adversaire qui, en revanche, inscrira deux buts à l'extérieur.

Tout commence bizarrement, de toute façon. Serge Aurier, absent depuis plusieurs mois pour avoir moqué certains coéquipiers et son entraîneur sur le réseau social Periscope, est titulaire sur le flanc droit. Il n'a joué qu'avec la réserve du Paris SG et en sélection : la question du rythme se pose. Et sous-jacente, l'interrogation sur les messages envoyés. À Aurier, d'abord : son attitude est jugée suffisamment grave pour qu'il soit sanctionné, réprimandé publiquement, mais son profil ne saurait manquer plus longtemps à l'équipe. À Marquinhos et Van der Wiel, ses concurrents pour le poste, qui peuvent donc tirer la conclusion qui s'impose : ils ne sont rien d'autre que des faire-valoir. Au groupe entier et au public : les gesticulations disciplinaires n'étaient que de la communication, un moyen d'apprivoiser les réseaux sociaux et d'acheter un peu de paix médiatique, mais pas vraiment une décision responsable et pleine de recul.

À court de compétition, l'Ivoirien passe assez logiquement à travers son match et sa titularisation n'a donc rendu service à personne et servi à rien.

À peine le temps de philosopher sur le sens de tout cela que David Luiz a déjà pris un carton jaune, synonyme de suspension au match retour. Il semble écrit que ça va mal démarrer pour Paris, mais David Luiz obtient un penalty à la suite d'une faute de Bacary Sagna (14e). Joe Hart part du bon côté de la frappe de Zlatan Ibrahimovic. À peine un quart d'heure de jeu et beaucoup de « arf », « gloups » ou autre « zut » pour Paris. Ce pourrait être une légère bruine d'onomatopées, mais ce sera un orage. Un contre et hop, un but signé De Bruyne (38e, 0-1). Heureusement pour les Parisiens, Fernando réalise ensuite une énorme bourde en dégageant à l'entrée de sa surface, très fort, le ballon sur… Ibrahimovic. La balle ricoche sur le Suédois et file dans le but (41e, 1-1).

De Bruyne-Aurier, décisifs chacun à leur manière…

GRANDE FRUSTRATION ET PLUIE DE CONTROVERSES

Voilà un but gag qui pourrait annoncer que le vent tourne. Dès la reprise, Matuidi est averti à son tour et donc suspendu pour le match d'après (48e). Aïe ! À peine dix minutes plus tard, Rabiot soulève pourtant le Parc (59e, 2-1), qui espère une envolée épique en fin de match. Hélas, voilà que vlan, en fait ! Fernandinho égalise (72e, 2-2) et il faut admettre l'évidence : c'est un score qui arrange vraiment Manchester City. « Deux buts à l'extérieur, c'est vraiment génial ! » commente Joe Hart. « Ce n'est pas facile de réaliser un nul ici, à Paris, enchaîne Manuel Pellegrini. Maintenant, Paris doit venir gagner chez nous. »

Voilà, c'est parfaitement résumé. Et moins d'une semaine plus tard, Pellegrini abat ses cartes : « Si on commence en pensant au 0-0, je crois que nous allons perdre, car nous jouerons contre nature. » Paris, lui, joue différemment et démarre avec une défense à trois. Et cinq éléments au milieu. Une envie de bousculer les côtés, sans doute. Cela ne fonctionne pas vraiment. Globalement, le match est ennuyeux et lorsque Trapp stoppe illicitement Sergio Agüero dans sa surface, l'affaire semble mal embarquée pour les Parisiens. Mais l'Argentin frappe son penalty à côté (30e). Comme quoi… Encore une fois, le PSG a beaucoup le ballon (62 %), mais ça ne l'aide pas à gagner. Il perd, même, De Bruyne inscrivant encore un but (magnifique) à l'entame du dernier quart d'heure (76e, 1-0). Paris n'a pas « validé la progression du club », comme le souhaitait Laurent Blanc qui reconnaît que « City a été meilleur que nous ».

La baffe est puissante et ses effets secondaires multiples. Paris est encore éliminé en quart de finale et sa constance dans la façon de prendre le mur interpelle. Ibrahimovic s'interroge à haute voix sur ce système « jamais testé avant », évoque le bla-bla d'avant-saison sur la capacité du PSG à gagner la Ligue des champions. L'écho, lui, s'interroge sur la capacité d'Ibrahimovic à porter une équipe vers les sommets quand le vent se refroidit, que le sol est gelé et que la pente s'accentue.

Ce n'est pas le seul débat qui émerge à peine les Parisiens rentrés au vestiaire. Laurent Blanc est-il l'homme de la situation ? Malgré un contrat prolongé, ne faudrait-il pas enrôler un coach capable de conduire Paris sur le toit de l'Europe. Un Ancelotti (éconduit par ses dirigeants trois ans plus tôt) ? Un Mourinho, en échec au Real puis à Chelsea ? La frustration est un ferment formidable pour de nombreuses controverses. En à peine une semaine, Paris, érigé comme un sacré favori de la compétition, est devenu le symbole du seuil de compétence et autre plafond de verre. Mieux vaut rire de tout cela, non ?

Cavani peut faire la moue, pour Paris l'aventure s'arrête en quarts.

UN GADIN
POUR LYON

Dans un groupe à sa portée, l'Olympique Lyonnais s'est fait rosser du début à la fin. Aïe !

Un retour dans l'ombre. Pourtant, c'est un sacré come-back ! Quatre ans après, Lyon revient en Ligue des champions. Certes, seul le Paris SG y porte de grands espoirs français, mais l'OL en C1, ce n'est pas rien. Pas seulement parce que le club fut demi-finaliste en 2010, mais parce qu'au XXIe siècle, c'est quand même Lyon qui, souvent, incarna la Ligue 1 au plus haut niveau continental. Lyon, sa capacité à créer quelques sensations, son président Jean-Michel Aulas, sa faculté à prendre la porte dans la poire quand ça commence à devenir brûlant.

Bref, il se passe toujours quelque chose avec l'OL en Europe, et il n'y a pas de raison que ce soit différent cette fois. D'autant qu'officiellement les observateurs officiels peinent à choisir le pied sur lequel danser lorsqu'il leur faut fournir l'expertise officielle du groupe dans lequel l'équipe de Hubert Fournier est tombée.

La Gantoise, bof. Si on s'inquiète de ça, autant rentrer dormir. Le Zenit Saint-Pétersbourg, mouais. Huitième de finaliste parfois, mais rien d'effrayant. Reste Valence, tombeur de Monaco en tour préliminaire, mais qui semble régner avec déliquescence. En clair, la logique voudrait que l'on considère la qualification comme abordable, voire très accessible. Mais qui a confiance en Lyon ? Pas grand monde, en vérité. Alors, pour ne pas fâcher Jean-Michel Aulas, on évoque un groupe ouvert où tout peut arriver. Ce qui est très différent d'un groupe fermé où rien ne se passera.

Comme les Lyonnais démarrent en Belgique, il y aurait presque un brin d'optimisme dans le fond de l'air. Champion de Belgique pour la première fois en cent quinze ans d'existence, le club de Gand découvre la plus prestigieuse compétition européenne qu'il n'a fait que frôler en 2010-2011, lors du troisième tour qualificatif (éliminé par le Dynamo Kiev). « Une victoire serait le résultat parfait », annonce d'ailleurs l'entraîneur français Hubert Fournier. Hein Vanhaezebrouck ne l'entend pas vraiment ainsi : « Quand vous jouez à domicile, l'idée, c'est de prendre des points, que ce soit contre le Zenit, Valence ou Lyon… » Quoi ?! Les débutants de Gand croient sérieusement empêcher le septuple champion de France de l'emporter ? Ahahahah, rions un peu de cette outrecuidance. D'autant que l'expulsion de Dejaegere, juste avant le repos (41e), laisse le champion belge à dix. Hop, peu après le repos, Jallet ouvre le score (58e, 0-1). Mais l'international suisse Milicevic parvient à égaliser dix minutes après. C'est une blague ? Oui, une blague belge, tout ça – comme ça, c'est fait…

> **« Une victoire serait le résultat parfait.**
>
> HUBERT FOURNIER

Hulk avec le Zenit Saint-Pétersbourg était trop fort pour Umtiti et Lyon.

Lacazette, en panne d'efficacité.

En fait, non, et même quand la fin de match semble tourner à l'avantage des Lyonnais, elle se roule en boule et finit comme un papier tout chiffonné. Deuxième expulsion (Follet, 87e) et penalty pour Lyon. Alexandre Lacazette tire et manque (88e). Argh ! Glups ! Diantre ! comme on peut lire dans quelques bulles des meilleures BD belges en pareilles circonstances. Match nul… seulement. « On se demandait si on était une équipe européenne, on a prouvé que pas tellement pour l'instant, constate Christophe Jallet. Nous nous sommes fait bouger par une équipe à dix. » Outch !

FOURNIER : « LA RÉALITÉ, C'EST QU'ON N'EST PAS ASSEZ BONS »

Bon, c'est vrai, c'est décevant tout ça, mais ce n'est presque rien à côté de ce qui se profile. Premier rendez-vous à domicile et bing ! Défaite (0-1) contre Valence (but de Feghouli, 42e). On finirait par manquer d'onomatopées. Mais va pour bam ! « Mais si on réitère des prestations comme ce soir, on aura des chances », se rassure Hubert Fournier, qui, quelques semaines plus tard, se présente sur la pelouse du Zenit, leader de la poule avec deux succès. Et là, badaboum pour l'OL. Dzyuba marque très vite (3e, 1-0) et Lacazette remet Lyon dans le bon sens juste avant le repos (49e, 1-1). Mais cela ne dure que cinq minutes à peine car Hulk (56e, 2-1) puis Danny (82e, 3-1) offrent un nouveau succès aux Russes. « Il reste un match important, annonce leur entraîneur, André Villas-Boas. Il le sera encore davantage pour Lyon. »

À Gerland, l'OL ne peut se permettre de perdre le moindre point. Mais, souligne Fournier, « la réalité, c'est qu'on n'est pas assez bons pour aller en huitièmes et s'il nous reste une chance, concentrons-nous plutôt sur la troisième place [qualificative pour les seizièmes de finale de la Ligue Europa] ». Comme André Villas-Boas sait que le Zenit « sera quasiment qualifié avec un nul », Lyon n'a d'autre solution que d'envisager de « mettre de la folie » (Fournier). Il aurait mieux valu mettre des buts. Nouvelle défaite (0-2, doublé de Dzyuba). « Un point en quatre journées… » couine Mathieu Valbuena.

Autant dire que l'affaire est pliée d'autant que pour le dernier match européen de l'histoire à Gerland, avant le déménagement au Stade des Lumières, l'OL se laisse surprendre par la Gantoise (1-2). Tchak ! Une défaite qui élimine officiellement le club. « Les mots me manquent pour qualifier notre déception », souffle Henri Bedimo. « On n'arrive pas à se sublimer pour ces matchs-là, regrette Fournier. Le bilan parle de lui-même. » « On n'avait pas le niveau », conclut Steed Malbranque. L'ironie de l'histoire, c'est la victoire qui ne sert à rien à Valence (0-2). Comme on dit, une sortie la tête haute. Mais un beau gadin quand même.

LA MENACE
fantôme

Il n'y a pas si longtemps, deux ans en fait, la France du football professionnel et ultralibéral était en émoi. Monaco et son régime fiscal avantageux par rapport à celui de la République, c'était une inacceptable concurrence déloyale qu'il fallait absolument réguler, empêcher, abolir, éliminer. Certains allaient jusqu'à évoquer l'exclusion du club de la Principauté, pourtant figure historique et même emblématique du championnat de France.
La reconduite à la frontière de l'ASM n'a pas eu lieu, rassurons-nous. Et les mêmes qui s'inquiétaient, en appelaient à l'équité et à la morale ont, en ce mois de juillet 2015, troqué leurs menaces et leurs envies (qui peuvent être, oui, synonymes de jalousies) contre une tenue de supporter. Il en va de leur intérêt puisque l'AS Monaco, en entrant sur la scène européenne au troisième tour qualificatif de la Ligue des champions, porte haut les couleurs de l'indice français et, donc, les chances de qualifier le plus de clubs possible dans les compétitions continentales.
Normalement, ce ne sont pas les Young Boys de Berne de Guillaume Hoarau qui sont censés empêcher les Monégasques d'avancer. Exact : balayé deux fois (3-1 ; 4-0), le club suisse laisse l'ASM s'avancer vers le barrage, dernière étape avant la phase de poules. La dernière marche s'appelle Valence, sans doute en perte de superbe depuis quelques années, mais quand même sacrément habitué à ce genre d'affaires. En Espagne, les Monégasques résistent (1-1 à la 49e minute grâce à un but de Pasalic), mais craquent deux fois dans la dernière demi-heure (défaite 1-3). « Ne nous reposons pas sur ces deux buts d'avance, prévient le gardien remplaçant de Diego Alves, l'Australien Matthew Ryan. Il faudra marquer à Monaco. »
Le plan se déroule sans accroc puisqu'il faut seulement quatre minutes aux Valencians pour trouver la faille (0-1, Negredo, 4e). Monaco peut-il au moins arracher une prolongation ? Presque… Raggi (17e) et Ederson (75e) créent les conditions de l'exploit, mais juste les conditions. La C1 se jouera sans Monaco, avec seulement deux clubs français (Paris SG et Lyon). C'est déjà pas mal, non ?

7 mai 1986, Séville

STEAUA BUCAREST - FC BARCELONE : 0-0 (2 t.a.b. à 0)

LE STEAUA POUR L'HISTOIRE

Duckadam, le héros du Steaua lors de la séance des tirs au but.

En 1986, le Steaua Bucarest, avec son effectif 100 % roumain, est le premier club de l'Est vainqueur de la Coupe des champions.

Jusque-là, la Coupe d'Europe des clubs champions, qui avait à peine trente ans, semblait une chasse gardée pour clubs d'Europe de l'Ouest. En ce temps-là, on parlait ainsi car il y avait deux blocs et deux continents. L'un régi par l'OTAN et rallié aux Américains, l'autre sous influence de l'Union soviétique. Sur le plan du football, passer le rideau de fer était un exotisme bien suffisant et il n'était pas vraiment question d'imaginer un club de « ces pays-là » remporter la plus importante des Coupes européennes.

D'ailleurs, le palmarès à l'époque ne laisse rien à d'autres pays que l'Angleterre, l'Espagne, les Pays-Bas, l'Italie, l'Allemagne, le Portugal et l'Écosse. Si la France, la Grèce et la Suède ont parfois placé un club en finale, la présence, en 1966, des Yougoslaves du Partizan Belgrade (battu 2-1 par le Real) semble être une exception confirmant la règle. Depuis, d'ailleurs, seuls d'autres Yougoslaves, ceux de l'Étoile rouge (face à l'OM), ont remporté la Ligue des champions, en 1991. Depuis quoi, au fait ? Depuis que le Steaua Bucarest est devenu le premier club d'Europe de l'Est à remporter la compétition, en cette année 1986.

C'était une autre époque. Il fallait huit matchs pour aller en finale, la phase de poules n'existait pas et il n'y avait qu'un représentant par nation – le champion

Finale de Ligue des champions 1986, le Steaua Bucarest vainqueur de Barcelone aux tirs aux buts.

en titre. Lors de cette édition 1985-1986, le Steaua se défit ainsi, au premier tour, des Danois de Vejle, où le Ballon d'or 1977, Allan Simonsen, terminait sa carrière. À ce stade, Bordeaux, battu à domicile (3-2) par les Turcs de Fenerbahçe, quittait déjà la compétition… Au deuxième tour, l'équivalent des huitièmes de finale, les Roumains se débarrassèrent des Hongrois de Honvéd tandis que, pour la deuxième fois d'affilée, le FC Barcelone s'en sortait grâce aux buts inscrits à l'extérieur.

Les quarts de finale s'annonçaient comme l'heure de vérité avec le Bayern, censé triompher d'Anderlecht, et un magistral Barça-Juventus, qui tourna en défaveur des coéquipiers de Michel Platini, alors triple Ballon d'or en titre. Dans le même temps, Anderlecht, où évoluait notamment Enzo Scifo (qui joua ensuite à Monaco et Auxerre), se débarrassait tranquillement des Bavarois et filait en demi-finale, tout comme Göteborg (tombeur d'Aberdeen, entraîné pour la dernière saison par Alex Ferguson) et, donc, le Steaua, difficile vainqueur du champion de… Finlande, Lahti (0-0 ; 1-0).

En demi-finale, le Steaua étrilla Anderlecht (0-1, 3-0) et Barcelone s'en sortit aux tirs au but face à Göteborg (0-3, 3-0, 5 t.a.b à 4). À Séville, devant 70 000 personnes, la finale arbitrée par le Français Michel Vautrot s'acheva sur un nul après prolongation (0-0). Majearu et Bölöni, les deux premiers tireurs du Steaua, manquèrent leur penalty, tout comme Alexanko et Pedraza pour Barcelone. Alonso et Marcos ne furent pas plus heureux dans cette séance où aucun Catalan ne transforma sa tentative. Au contraire de Lacatus et Balint, côté roumain. Ce succès (0-0 ; 2 t.a.b. à 0), si peu spectaculaire aux dépens du Barça de Schuster et d'Archibald, est évidemment historique pour la Roumanie (le Steaua se hissa de nouveau en finale trois ans plus tard face au Milan AC). À l'époque, tout l'effectif était composé de joueurs roumains. Aucun ne réalisa une carrière prestigieuse à l'étranger ensuite (à l'époque, et jusqu'en 1996, les équipes ne pouvaient aligner que trois joueurs étrangers sur la pelouse). Mais Laszlo Bölöni fut l'emblématique entraîneur de Nancy (1994-2000) avant de diriger le Sporting d'un certain Cristiano Ronaldo (2001-2003). La plupart de ses anciens coéquipiers exercent d'ailleurs une fonction d'entraîneur, notamment Anghel Iordanescu, qui fut déjà trois fois appelé au poste de sélectionneur de la Roumanie, fonction qu'il occupait d'ailleurs lors du match d'ouverture de l'Euro 2016 contre la France.

18 mai 2016, Stade Jakob-Park, Bâle

SÉVILLE FC - LIVERPOOL FC : 3-1

UN TRIPLÉ POUR GAMEIRO

Comme le FC Séville, l'attaquant français Kevin Gameiro a remporté la Ligue Europa pour la troisième fois d'affilée. Une sacrée performance.

Bâle a beau être calme et tranquille, il y règne une excitation, en ce jour de mai, qui dépasse les frontières de la Suisse. Liverpool est en finale de la Ligue Europa et cela suffit à donner du relief à cette rencontre, d'autant que les Reds se coltinent une équipe très particulière : le FC Séville, double tenant du titre, a aussi remporté deux fois d'affilée cette compétition en 2006 et 2007. Quatre succès en dix ans, ça pose son club. Et l'entraîneur andalou, Unai Emery, peut rejoindre l'Italien Giovanni Trapattoni, seul à avoir gagné trois fois cette compétition (1977 et 1993 avec la Juventus Turin, 1991 avec l'Inter Milan). « Cette Coupe d'Europe, c'est un peu la deuxième femme de tous les Sévillistes », dit Emery.

Face à lui se trouve un coach particulier, coqueluche de ses supporters, d'une grande partie de l'Allemagne et des médias internationaux. Jürgen Klopp, qui a bâti sa réputation à Dortmund, dégage une sympathie et un naturel rares dans ce milieu. Arrivé à Liverpool en remplacement de Brendan Rodgers, il n'a pas vraiment changé le cours des choses en Premier League pour les Reds, loin des places européennes, mais un succès en Ligue Europa suffirait au bonheur de Liverpool, vainqueur de l'épreuve en 2001 (avec le Français Gérard Houllier comme entraîneur) et de la Ligue des champions en 2005 (avec Rafael Benitez). « Quand je suis arrivé, se souvient Klopp, il y avait tellement de doutes à propos de ces joueurs… Je suis heureux d'avoir pu montrer à quel point ils sont forts. » Malgré cela, Klopp doit encore gagner, ce qui n'est pas acquis, surtout qu'il reste sur quatre finales perdues (Ligue des champions 2013, Coupes d'Allemagne 2014 et 2015, Coupe de la Ligue anglaise 2016). « J'ai des médailles d'argent, reconnaît-il. C'est mieux que pas de médaille du tout. »

EMERY SAVOURE

Il devra encore s'en contenter… Si Sturridge ouvre le score (1-0, 35e), le Français Gameiro égalise (46e) et un doublé de Coke (64e, 70e) sécurise le triomphe sévillan. Le cinquième en onze ans. « C'est notre compétition, philosophe Emery. La Ligue des champions (pour laquelle Séville est qualifié grâce à ce succès) est une opportunité de progresser, de grandir, mais la vérité, c'est que la Ligue Europa s'améliore aussi et que nous devons garder en permanence à l'esprit l'envie d'aller en finale. Cela devient de plus en plus dur, mais ce troisième succès consécutif était un objectif et nous l'avons atteint. » Kevin Gameiro, qui remporte aussi sa troisième Coupe d'Europe, rejoint presque Raymond Kopa (trois Coupes des champions avec le Real en 1957, 1958 et 1959). Avec 8 buts en 9 rencontres, il a été primordial dans le parcours de son équipe. « C'est important, mais on va surtout penser à faire la fête maintenant », sourit l'ancien Parisien. Pour Liverpool, une année sans Coupe d'Europe s'annonce et Jürgen Klopp fait bonne figure : « Nous ne jouerons ni le mercredi ni le jeudi, nous aurons donc le temps de nous entraîner. On va l'utiliser et on reviendra plus forts ! »

Gameiro, buteur en finale.

PAS NULS, MAIS PAS BRILLANTS

Les clubs français ont pris la mauvaise habitude de ne pas exister en Ligue Europa. 2016 ne change pas vraiment cette règle.

MARSEILLE TROP COURT

L'Europe est toujours spéciale à Marseille. Si l'OM reste le seul club français vainqueur de la Ligue des champions, son passé dans l'épreuve – quoique glorieux et respectable – commence à dater. Ainsi, même la deuxième Coupe européenne ne saurait être négligée. Et c'est très sérieusement que les joueurs de Michel concassent les Néerlandais de Groningue (3-0) lors du match d'ouverture aux Pays-Bas. Cet excellent départ est immédiatement annulé lorsque Liberec s'impose au Vélodrome à l'occasion de la deuxième journée (1-0). « On a eu beaucoup de chance, concède l'entraîneur des Tchèques, Jindrich Trpisovsky. Un match comme celui-là ne se produit qu'une seule fois dans une vie. » Benjamin Mendy estime qu'« ils ont joué avec leurs qualités en restant derrière » et constate « qu'il se passe quelque chose de très grave à Marseille », incapable de gagner chez lui.

Trois semaines plus tard, au Portugal, l'OM se retrouve en mauvaise posture puisque battu 3-2 à l'issue d'un match dont les 5 buts sont inscrits en une demi-heure, la dernière. L'Égyptien Ahmed Hassan (61e), puis Wilson Eduardo (77e) offrent une belle avance à Braga, mais Alessandrini (84e), puis Batshuayi (87e) ramènent Marseille à hauteur avant le but victorieux d'Alan (88e). À mi-parcours, Marseille traîne en troisième position du groupe, déjà à 6 points des Portugais, mais seulement à 1 de Liberec.

Heureusement, au Vélodrome, Marseille, grâce à Georges-Kévin N'Koudou, détrousse Braga (1-0). « L'espoir renaît », résume Mendy. « On va aller chercher les 6 points », annonce Rémy Cabella. Et il dit vrai. Groningue est battu (2-1) en fin de rencontre à Marseille (Batshuayi, 88e) et Marseille tient ainsi la deuxième place du groupe. Reste à la conserver en gagnant à Liberec lors de l'ultime rendez-vous. Cela démarre plutôt bien avec Batshuayi (14e), puis N'Koudou qui permettent aux Provençaux de passer la mi-temps l'esprit serein. Barrada (48e, 0-3) semble sceller l'affaire mais, en trois minutes, les Tchèques refont surface (Bakos, 75e, Snal, 78e). Un but d'Ocampos dans les arrêts de jeu (90e+4) met définitivement Marseille à l'abri de Liberec (2-4) et dans le bus vers les seizièmes de finale.

Cela s'annonce tendu car les Basques de l'Athletic Bilbao figurent clairement parmi les prétendants à la victoire finale. Ils s'imposent d'ailleurs froidement au Vélodrome lors du match aller (1-0, but d'Aduriz, 54e). « Un nul aurait été logique », grimace Lassana Diarra. Mais « on ne met pas les occasions, peste Florian Thauvin. Alors, ce sera compliqué ». Une fois de plus, le Belge Batshuayi s'illustre et entretient l'espoir en ouvrant le score au Pays basque (0-1, 40e). L'OM peut tenir une prolongation brûlante, mais Merino l'en prive dans les derniers instants (1-1, 81e). Dur… « Nous avons besoin de huit opportunités pour marquer alors qu'une seule suffit à Bilbao, regrette l'entraîneur Michel. C'est difficile pour nous… » « C'est bien de faire de beaux matchs, mais le plus important, c'était la qualification et on ne la ramène pas », s'agace Cabella.

LES VERTS Y ÉTAIENT PRESQUE

Franchement, à première vue, le groupe G, qui accueille Saint-Étienne en Ligue Europa, n'est pas des plus accueillants. Des bosses et des pièges partout. Une espèce de piste rouge jamais damée en vérité. Rosenborg, en déclin certes, mais toujours expérimenté, la Lazio, toujours ambitieuse et difficile à manœuvrer, et Dnipropetrovsk, parfait épouvantail dans ce genre de tournoi.

Rosenborg est d'ailleurs proche de damer le pion aux Verts dans leur chaudron dès l'entrée en matière, le 17 septembre 2015. Robert Beric a ouvert rapidement le score pour les Verts (1-0, 4e), mais Mikkelsen a remis les Norvégiens sur la bonne route (1-1, 16e). Svensson se permet même de les placer devant à la

78e minute (1-2). Il faut un penalty transformé par Nolan Roux en toute fin de rencontre (2-2, 87e) pour éviter la douche glacée à Geoffroy-Guichard.

Pas simple, après ça, d'aller à Rome le cœur léger. Pourtant, Sall fait mouche rapidement (0-1, 6e), mais l'ASSE prend l'eau par la suite. Onazi (22e), Hoedt (48e) et Biglia (80e) donnent la victoire à la Lazio, même si Monnet-Paquet réduit le score (3-2, 84e). Comment les Verts pouvaient-ils résister à dix (expulsion de Beric, 33e), puis à neuf (expulsion de Sall, 77e) ?

Dans ces circonstances, le déplacement à Dnipropetrovsk est déjà décisif. En Ukraine, les Verts ne peuvent pas perdre. Grâce au but de Hamouma (44e), ils gagnent (1-0). Et confirment au retour. Monnet-Paquet (38e), Beric (52e) et Hamouma (65e) sont les buteurs d'un succès (3-0) qui relance totalement leur équipe. « C'était un match vraiment maîtrisé, se réjouit Vincent Pajot. On a maintenant 7 points et il nous faudra une autre victoire pour se qualifier. » Elle n'intervient pas à Rosenborg (1-1), mais ce point pris en Norvège est suffisant pour assurer les Verts de disputer les seizièmes de finale en compagnie de la Lazio, qu'ils affrontent lors de la dernière journée (1-1). « On a une seule défaite en six matchs, on a marqué un but à chaque rencontre : le bilan est positif », se réjouit l'entraîneur Christophe Galtier.

Pour la suite, l'espoir demeure puisque les Suisses de Bâle sont sur la route de Saint-Étienne. Même s'il faut se méfier des Helvètes (Bordeaux a ramé contre Sion…), cette équipe est à la portée d'une des meilleures formations de Ligue 1. Malheureusement, les Verts encaissent trop de buts chez eux lors du match aller. Le vétéran argentin Samuel (44e) puis Janko (56e) permettent aux Bâlois de rentrer chez eux avec une courte défaite (2-3) concédée en fin de rencontre (Bahebeck, 77e), Sall (9e) et Monnet-Paquet (39e) ayant pourtant idéalement lancé leur équipe. Nolan Roux trouve pourtant des raisons de se réjouir : « Ils ont été surpris de nous voir marquer en fin de match alors qu'ils ne nous pensaient plus capables de le faire ! »

Cette phrase résonnera étrangement au parc Saint-Jacques, une semaine plus tard. Après que Zuffi (15e) eut ouvert le score, Bâle pensait avoir gagné son ticket pour les huitièmes. Mais à la… 90e (!), Sall, d'un but rageur, égalise. À cet instant, les Verts sont qualifiés. Deux minutes plus tard, dans le temps additionnel, comme on dit, Zuffi surprend à nouveau la défense française (2-1, 90e + 2). « C'est une grosse déception, déglutit Galtier. Quand on égalise, on célèbre non pas le but, mais la qualification… Il aurait fallu tenir ce qu'il restait à tenir. » « On s'est relâchés, reconnaît Nolan Roux. Car on ne les voyait pas marquer et on se pensait qualifiés. » Magnifique ironie du football.

BANQUEROUTE À MONACO

Nabil Dirar, juste après l'élimination en barrage de la Ligue des champions, avait résumé l'ambition européenne de l'AS : « Maintenant, il faut faire quelque chose en Ligue Europa. » Que signifie, au fond, « quelque chose » ? Ce n'est pas rien, sans doute, mais est-ce beaucoup pour autant ? Il en faudrait du temps pour répondre à cette question.

Concernant Monaco, disons que ce fut un petit quelque chose. Ça démarrait plutôt bien puisque le club de la Principauté était, à mi-parcours, en tête de son groupe. Deux nuls pour commencer, à Anderlecht, puis contre Tottenham, sur le même score (1-1) ; ensuite, un succès étriqué face aux Azéris de Qarabag (1-0). Un but par match, chaque fois marqué dans les vingt dernières minutes, comme une preuve d'expérience et de ténacité. Même en Azerbaïdjan, au retour, l'ASM est proche de la défaite, mais un but d'Ivan Cavaleiro (72e) lui permet de ramener 1 point.

Si les Monégasques l'emportent à domicile face à Anderlecht lors de l'avant-dernier rendez-vous, la route des seizièmes de finale sera plus qu'entrouverte. Hélas, les voilà corrigés (2-0) par un adversaire dont l'entraîneur Besnik Hasi s'estime « à sa place ». « Ce sera compliqué maintenant car il nous faudra l'emporter à Londres », soupire Leonardo Jardim. Un triplé de l'Argentin Erik Lamela plus loin (2e, 15e, 38e) à White Hart Lane, Monaco est vite dépassé. Score final : 4-1. « Je préférerais que mon équipe ait davantage d'expérience dans ces matchs », soulignera Jardim dans une épitaphe ressemblant trait pour trait à l'analyse finale de Willy Sagnol, son homologue bordelais.

BORDEAUX FAIT PLOUF

Au début, c'était bien. Pas si mal en tout cas. Un nul concédé à domicile, d'accord, mais face à Liverpool. « Je ressens de la fierté car mon équipe a montré un beau visage », se réjouit d'ailleurs l'entraîneur des Girondins Willy Sagnol. Il est moins jovial après le nul ramené de Kazan, mais surtout la défaite à domicile concédée face à Sion (0-1), entraîné par l'ancien Bordelais Didier Tholot. « L'expulsion de Khazri (86e) et les six cartons jaunes reçus sont révélateurs de bêtise. Bordeaux est à son niveau. » Outch ! Sévère, mais juste. Un but de Chantôme contre son camp dans les arrêts de jeu prive les Girondins de la victoire au retour (1-1) et les voici dans l'obligation de ne pas perdre à Anfield, où le score est figé en fin de première période (2-1). Ciao Bordeaux, qui termine sur un quatrième résultat nul (aucun succès) contre Kazan (2-2). « Sans avoir été extraordinaire, on aurait pu faire mieux au niveau des points », regrette Sagnol. Pas si sûr.

LES TOPS

1

Zinedine ZIDANE

L'icône

Embarqué dans un début de saison chaotique (sauf en Ligue des champions), le Real ne faisait même plus partie des favoris à l'entrée des huitièmes de finale. Mais à l'arrivée, il a mieux réussi que le Barça, le Paris SG (éliminés en quart) et que le Bayern Munich (éliminé en demi-finale). Il s'est même sorti en finale du piège Atlético, pourtant favori au regard de son sacré parcours. Le Real doit ce triomphe à son coach français, 44 ans, et ses « seulement » sept matchs de C1 sur le banc.

2

Cristiano RONALDO

L'artilleur

Même si sa finale ne fut pas à la hauteur de sa réputation et de son talent, il a réussi son tir au but… Surtout, à 31 ans, son efficacité a permis au Real, tout au long de la campagne européenne, de surnager et de se tirer de mauvais pas, comme en quart de finale face à Wolfsburg (défaite 2-0 à l'aller, succès 3-0, triplé de Ronaldo au retour).

3

Antoine GRIEZMANN

L'avenir

Incontestablement en progrès en Liga, Antoine Griezmann, 25 ans, a également franchi un cap sur la scène européenne. Certes, il a manqué un penalty important en finale, mais a éliminé le Bayern, en demi-finale, sur des éclairs de talent pur. Sept buts au total dans la compétition.

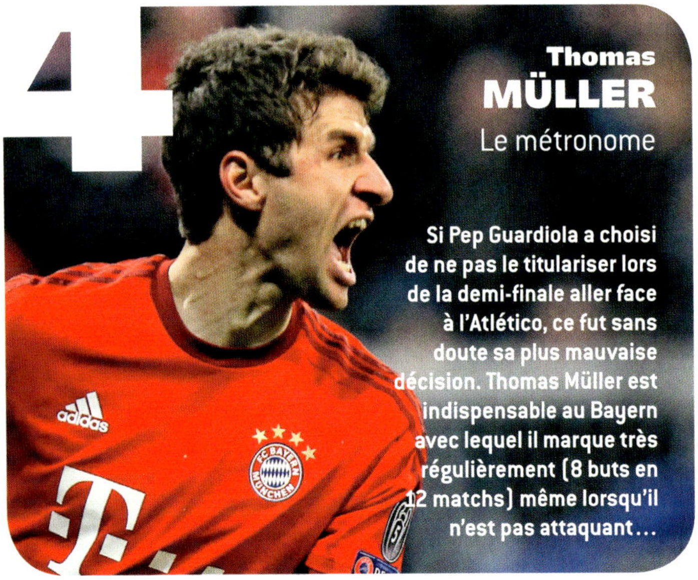

4

Thomas MÜLLER

Le métronome

Si Pep Guardiola a choisi de ne pas le titulariser lors de la demi-finale aller face à l'Atlético, ce fut sans doute sa plus mauvaise décision. Thomas Müller est indispensable au Bayern avec lequel il marque très régulièrement (8 buts en 12 matchs) même lorsqu'il n'est pas attaquant…

5

Kevin GAMEIRO

La révélation

Huit buts en 9 matchs pour le Français du FC Séville, encore vainqueur de la Ligue Europa pour la troisième fois d'affilée. À 29 ans, son ratio buts/matchs disputés est le plus élevé parmi les attaquants qui ont participé à la compétition. Mieux qu'Aubameyang, Aduriz ou Reus… Pas mal.

LES FLOPS

5

Daley
BLIND
Trop raide

Il ne fut pas forcément catastrophique individuellement, mais le défenseur néerlandais, 26 ans, symbolise parfaitement la fragilité de Manchester United, balayé en Ligue des champions et incapable de se relancer en Ligue Europa. Si les attaquants de MU (Martial, Rooney) n'ont pas démérité, la défense des Red Devils n'a jamais donné de garantie pendant toute la saison.

4

Hugo
LLORIS
Trop seul

Le capitaine de l'équipe de France n'est pas pour rien dans la belle saison de Tottenham. Sauf qu'il n'a rien pu faire pour empêcher l'élimination des Spurs en huitième de finale de Ligue Europa. Il a même pris 5 buts en deux matchs face au Borussia Dortmund. Sa défense ne l'a pas aidé, mais quand même…

3

Lionel
MESSI
Trop tendre

Il est le meilleur joueur du monde, cinq fois Ballon d'or et sacré encore cette année. Mais lors des matchs décisifs de Ligue des champions, l'Argentin s'est effondré. En difficulté en demi-finales lors des deux confrontations face à l'Atlético, il n'a jamais pesé.

2

Wayne
ROONEY
Trop mou

Symbole de Manchester United en difficulté sur la scène européenne, il n'est pas parvenu à sortir son équipe des tourments de la phase de poules (élimination dans le groupe de Wolfsburg et du PSV Eindhoven) ni à lui faire franchir l'obstacle Liverpool en huitième de Ligue Europa. Double affront.

1

Zlatan
IBRAHIMOVIC
Trop tard

Certes, il a été victime d'un environnement aveugle sous-estimant Manchester City. Mais Zlatan Ibrahimovic sait y faire lorsqu'il faut se montrer hautain et arrogant. Il est moins à l'aise quand le niveau s'élève, pourtant, et une fois encore il n'a pas réussi à peser sur un grand match. Symbole d'un Paris SG surévalué et qui a encore du chemin pour s'installer parmi les grands d'Europe.

BARCELONE
TIENT LA DISTANCE

D'abord irrésistible, Barcelone a vu revenir sur lui les deux finalistes de la Ligue des champions. Mais finalement, le Real Madrid de Zinedine Zidane est resté à une longueur des Catalans…

Zidane, nouveau coach du Real.

Pour la quatrième fois en onze ans, et pour la deuxième fois d'affilée, les deux Coupes européennes ont été remportées par des clubs espagnols. Difficile de ne pas y voir le signe d'une domination de la Liga sur le continent. La supériorité du championnat d'Espagne sur les autres compétitions nationales est d'autant plus manifeste que contrairement à la France, à l'Allemagne et même à l'Italie et à l'Angleterre, il a été disputé jusqu'à la dernière journée, proposant au fil de la saison un scénario haletant dans lequel les clubs majeurs jouent leur rôle, mais peuvent être contestés, sur une seule rencontre, par n'importe qui.

Dans la foulée de l'été, il y eut longtemps l'idée que Barcelone était intouchable. Comment résister à Lionel Messi, Neymar et Luis Suarez, trio d'attaque sud-américain absolument infernal ? Ceux que l'on surnomme « la MSN » ont évolué toute la fin d'année 2015 comme de super mutants. Messi Ballon d'or, encore, comme un symbole de ce Barça intouchable. Journée après journée, Barcelone creusait inexorablement l'écart. Le Real embourbé, toussotant, l'Atlético suscitant la sympathie, mais pas dans le rythme effréné du champion : la voie était tracée pour les Catalans. Elle s'ouvrait tout d'abord au bla-bla habituel et d'un classicisme absolu : magique, virevoltant, telle-

Suarez, le Pichichi c'est lui.

Sous la pression de Carrasco,
Piqué dégage son camp.

ment au-dessus, tellement culturellement supérieur, tellement historiquement méritant, tellement talentueux, tellement collectif, tellement total.

L'Atlético à 9 longueurs, le Real à 10 au début du printemps. Comment le titre pouvait-il échapper aux hommes de Luis Enrique ? Lorsque arriva le clasico face au Real Madrid, le 2 avril, Barcelone restait sur 39 matchs sans défaite. Les Madrilènes, qui avaient perdu chez eux le match aller très douloureusement (0-4) quatre mois plus tôt, avaient la tête idéale de la victime sacrificielle. Une nouvelle dérouillée et le Barça pourrait quasiment célébrer son sacre en dansant sur la dépouille de son plus vieil ennemi. Un ennemi mal en point, en grande difficulté en championnat au point de virer son entraîneur, Rafael Benitez, successeur de Carlo Ancelotti, et de le remplacer en janvier 2016 par Zinedine Zidane.

Pour sa première expérience à ce niveau, l'ancien capitaine de l'équipe de France doit surtout sauver les meubles et empêcher le Real de sortir dangereusement des places qualificatives pour la Ligue des champions. Mais un match à Barcelone est un sommet de la saison, quel que soit le classement des deux équipes et l'enjeu sportif de la rencontre. Contre toute attente, le Real Madrid s'impose au Camp Nou (2-1), théâtre d'un solennel hommage au Néerlandais Johan Cruyff, décédé une semaine plus tôt. Cruyff, trois fois Ballons d'or dans les années 1970, joueur puis entraîneur légendaire de Barcelone qu'il amena au sommet de l'Europe en 1992.

RONALDO, FAN DE ZIDANE

Est-ce l'influence de la défaite face au Real ou bien le poids soudain de l'absence de cette figure tutélaire ? Le mois d'avril est une traversée affreuse pour Barcelone qui abandonne sa Ligue des champions à l'Atlético qu'il voit même fondre sur lui au classement de la Liga. Pire : voilà que le Real ne s'arrête plus de gagner. Zidane

« J'admirais Zidane comme joueur et aujourd'hui, je l'admire comme entraîneur. Il a gardé la même façon d'être pour diriger les joueurs. C'est un entraîneur que j'aimerais voir continuer au Real.

CRISTIANO RONALDO

MESSI
toujours plus

C'est de sa faute, à Lionel Messi, et uniquement de sa faute. L'Argentin est tellement exceptionnel chaque saison, semblant capable de progresser année après année, qu'il devient victime de sa réputation au moindre soubresaut. Il n'a pas dominé la Liga comme souvent depuis dix ans parce qu'il a dû composer avec les blessures, lui qui n'est jamais ménagé (et ne veut pas l'être…) par Luis Enrique, et un réel coup de pompe physique à la sortie de l'hiver – 26 buts « seulement » pour le quintuple Ballon d'or de 29 ans, qui a toutefois dépassé la barre des 30 titres remportés en carrière depuis 2004. Même moins rayonnant, il continue de placer la barre très haut.

Messi, Neymar, Mascherano, Bravo, Rakitic, Busquets, Suarez, Turan, Iniesta, Piqué, Alba.

y a gagné la confiance du vestiaire, boudeur à l'égard de Benitez et de ses choix souvent frileux. « J'admirais Zidane comme joueur et aujourd'hui, je l'admire comme entraîneur, s'emballe ainsi Ronaldo. Il a gardé la même façon d'être pour diriger les joueurs. C'est un entraîneur que j'aimerais voir continuer au Real. »

Lors de la dernière journée, seul le Real, qui s'est imposé lors de ses 12 dernières rencontres de championnat d'Espagne, est d'ailleurs en mesure de priver Barcelone d'un 24e titre. Mais le Barça ne flanche pas et conserve un point d'avance. « Chapeau à Barcelone qu'il faut féliciter, reconnaît Zidane. Mais mes joueurs n'ont jamais baissé les bras et se sont battus jusqu'à la fin. Je suis fier d'eux. » Champion sept fois au cours des 11 dernières saisons, il s'impose comme l'équipe forte de la décennie en Espagne. Et apprécie ce nouveau sacre à sa juste valeur, avec un soupçon de soulagement. « En fait, résume Gerard Piqué, nous avons remporté deux fois le championnat : quand nous avions 9 points d'avance et à la dernière journée, en gagnant le dernier match. Cela prouve aussi que la mentalité dans ce club a changé désormais. Il y a vingt ans, nous aurions sûrement tout perdu. Aujourd'hui, nous sommes des vainqueurs. »

Grâce, beaucoup, à l'Uruguayen Luis Suarez. Au moment où Lionel Messi a commencé à payer l'addition des matchs, à montrer de réels signes de lassitude physique, il l'a magnifiquement suppléé, inscrivant 14 buts (sur 17 tirs cadrés, soit un taux de réussite de 82 %) au cours des cinq derniers matchs. « Mes partenaires me cherchent et moi, je pousse la balle dans le but », raconte modestement l'ancien joueur de Liverpool. Sans sa fin de saison, Barcelone serait descendu douloureusement de son nuage. « Mais sur l'ensemble de la saison, nous méritons le titre, juge Luis Enrique. Nous avons passé beaucoup de semaines à la première place et développé un bon football. Après l'élimination en Ligue des champions, beaucoup de gens ont cru pouvoir dire que notre saison était un désastre. Il n'y a rien qui soit plus loin de la réalité. Il faut savoir apprécier ce titre parce qu'il est difficile à remporter. »

« Chapeau à Barcelone qu'il faut féliciter. Mais mes joueurs n'ont jamais baissé les bras et se sont battus jusqu'à la fin. Je suis fier d'eux.

ZINEDINE ZIDANE

LES TOPS

1

Luis SUAREZ

Impressionnant

L'Uruguayen a été le moteur du 24e titre du FC Barcelone. Un total de 40 buts et 17 passes décisives. Après les Pays-Bas et l'Angleterre, il devient, à 29 ans, meilleur buteur d'un troisième championnat européen.

2

Cristiano RONALDO

Régulier

Le Portugais garde son rythme d'enfer. Il a encore pesé sur les résultats du Real et a inscrit plus de 30 buts en Liga pour la sixième année d'affilée. À 31 ans, il reste une référence.

3

Karim BENZEMA

Solide

Sans doute la saison la plus pleine du Français avec le Real Madrid, où il évolue depuis sept ans – 24 buts en 27 matchs de Liga : une moyenne plus élevée que celle de Messi…

4

Antoine GRIEZMANN

Intenable

Totalement intégré à l'Atlético, il y a inscrit beaucoup de buts importants, ramenant même son club à la première place du championnat – 22 buts cette saison et un statut de leader d'attaque dans un des tout meilleurs clubs d'Europe.

5

Aritz ADURIZ

Précieux

Le Basque Aritz Aduriz continue d'afficher une belle régularité qui permet à l'Athletic Bilbao de se maintenir dans le haut du tableau de la Liga (5e en 2016). Encore 20 buts cette saison !

LES FLOPS

5 Arda TURAN
Invisible

Transféré de l'Atlético pour plus de 30 millions d'euros à l'été 2015, Arda Turan n'a pu jouer avant le mois de janvier 2016, le club catalan étant interdit de recrutement. Cela ne l'a pas aidé pour la suite…

4 James RODRIGUEZ
Poussif

L'ancien Monégasque a traversé péniblement la saison. Pas vraiment titulaire avec Benitez, et pas davantage avec Zidane, il n'a pas confirmé sa première saison (13 buts, 13 passes décisives), ses statistiques en Liga étant divisées par deux…

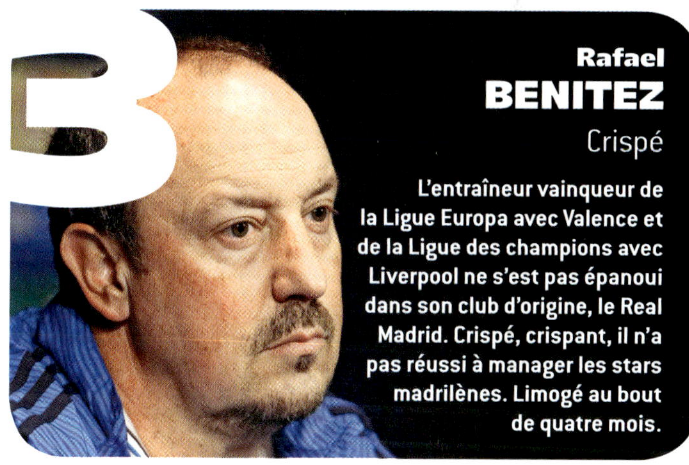

3 Rafael BENITEZ
Crispé

L'entraîneur vainqueur de la Ligue Europa avec Valence et de la Ligue des champions avec Liverpool ne s'est pas épanoui dans son club d'origine, le Real Madrid. Crispé, crispant, il n'a pas réussi à manager les stars madrilènes. Limogé au bout de quatre mois.

2 Gary NEVILLE
Perdu

L'ancien défenseur de Manchester United est arrivé en novembre à Valence. Il n'y a pas gagné un match. Remercié au bout de quatre matchs alors qu'il venait de renoncer à son poste d'adjoint du sélectionneur de l'Angleterre, Roy Hodgson.

1 Rafael VAN DER VAART
Disparu

Décidément, le Néerlandais en perdition à Hambourg a manqué sa tentative de relance en Liga. Quatre rencontres seulement en Liga et aucun but. À 33 ans, l'ancienne pépite néerlandaise semble proche de la fin.

LEICESTER
TEL LE RENARD

Les Foxes de Claudio Ranieri ont créé la sensation en chipant le titre sous le nez des gros bras de Premier League. Fort, très fort.

De là, on attend si peu de surprises. Par méconnaissance, sans doute, par culture de clichés à la vie éternelle, peut-être. L'Angleterre, après tout, c'est assez simple : les racines du foot, le ballon qui va d'un but à l'autre, des joueurs qui, d'est en ouest, du sud au nord, ne marcheront jamais seuls, des figures de légende, du rock et de la bière mélangés, bref, une mythologie particulière à laquelle il est de bon ton d'adhérer parce que c'est cool et qu'on n'a pas ça chez nous. Autre certitude, plus statistique, fixée dans nos imaginaires à la visseuse industrielle : en dehors du « Big Four » (Chelsea, Manchester United, Arsenal, Liverpool), aucune chance de régner sur la Premier League. Sans doute devrait-on remplacer Liverpool (jamais sacré depuis 1990) par Manchester City (champion en 2012 et 2014), mais il faut bien constater que depuis Blackburn, champion en 1995 avec Alan Shearer, avant l'entrée en vigueur de l'arrêt Bosman, aucun autre club n'a empêché Arsenal, MU, Chelsea et, donc, City de remporter le titre.

Et voilà que Leicester City s'incruste. « Invraisemblable », selon la formule de son attaquant, Jamie Vardy. À l'échelle de l'Angleterre, ça l'est. Leicester, ville des Midlands, en plein cœur du pays, dont le club se battait en avril 2015 à une place de relégable… Leicester, une fois vice-champion, en… 1929, dont la figure emblématique, native de la cité, a toujours été Gary Lineker (216 matchs entre 1978-1985). Leicester, dont le gardien champion du monde en 1966, Gordon Banks, porta les couleurs (1959-1967), tout comme un autre portier international anglais, Peter Shilton (1965-1974).

Mais Leicester, trois fois seulement convié à une campagne européenne (1962, 1998, 2001). Leicester et ses treize entraîneurs différents depuis 2000. Leicester et son 17e budget de Premier League : 135 millions d'euros, ce qui le placerait, en France, tout de même en 4e position, derrière Lyon et juste devant Marseille. Car Leicester est une belle histoire, mais ce n'est pas l'anti-histoire du foot business. L'exploit sportif, réalisé aux dépens de mastodontes qui comptent parmi les clubs les plus riches du monde, est bien réel, mais les Foxes, les Renards, vivent dans le même poulailler que les autres. Leur propriétaire est un milliardaire thaïlandais, Vichai Srivaddhanaprabha, qui a racheté le club en perdition, en 2010, pour 40 millions d'euros. Il doit sa fortune à

> « Leicester n'est pas une équipe construite pour gagner le championnat d'Angleterre.
>
> CLAUDIO RANIERI

Jamie Vardy, buteur vedette
de Leicester.

La revanche de Ranieri.

une chaîne de magasins de produits détaxés possédant le monopole dans son pays. Le stade de Leicester, King Power Stadium, porte d'ailleurs le nom de sa compagnie, et son fils est le vice-président exécutif du LCFC.

ARSENAL SE RAMASSE EN BEAUTÉ

Il reste que « Leicester n'est pas une équipe construite pour gagner le championnat d'Angleterre », note son entraîneur, Claudio Ranieri. L'ancien entraîneur de Monaco a débarqué à Leicester en juillet 2015. Il venait d'être remercié par la Fédération grecque, la sélection étant au plus mal en éliminatoires de l'Euro 2016. Il n'avait pas vraiment la cote, traînant une réputation d'entraîneur qui ne gagne jamais rien et devant faire face à l'annonce du départ de la star de l'équipe, l'Argentin Esteban Cambiasso, vers Olympiakos.

Évidemment, lors des premières journées, personne ne s'est méfié. Chelsea patinait, Manchester United aussi, mais ça n'était qu'un rodage difficile. Lorsque Leicester s'ancra à la 2e place du championnat, le 13 septembre, à la faveur d'un succès in extremis sur Aston Villa (3-2), Ranieri ne manqua d'ailleurs pas de calmer les fantasmes : « L'objectif, c'est juste de se maintenir. On n'est ni en mars ni en avril, mais en septembre. Au printemps, on pourra rêver, mais certainement pas maintenant. »

Malgré tout, Leicester ne faiblit pas. Fin novembre, Manchester United vient chercher le match nul au King Power Stadium, mais l'événement du jour est au crédit de Jamie Vardy, qui marque lors de son 11e match d'affilée (13 buts), battant le record établi par le Néerlandais Ruud Van Nistelrooy. Le collectif des Foxes commence à impressionner. « Quand on était en train de célébrer son but, vers le poteau de corner, il y avait une telle électricité dans l'air entre nous, j'en ai encore la chair de poule », racontera le défenseur Christian Fuchs à *The Observer*. En février, Leicester frappe définitivement les esprits en s'imposant (3-1) à Manchester City.

« Quand on était en train de célébrer son but, vers le poteau de corner, il y avait une telle électricité dans l'air entre nous, j'en ai encore la chair de poule.

CHRISTIAN FUCHS

« Pfff... C'était incroyable, vraiment beau ! » s'enthousiasme Ranieri. « Marquer trois fois là-bas, ce n'est pas simple et c'est là qu'on a commencé à se dire qu'on pouvait réaliser quelque chose de grand », dira plus tard Riyad Mahrez au *Guardian*.

Dès lors, Leicester ne s'arrête plus tandis que, hormis Tottenham, ses concurrents s'empêtrent. « Les grands clubs n'ont pas donné 100 % pour une raison ou une autre », relève ainsi Ranieri dans *France Football*, en avril 2016. Entre la 29ᵉ et la 33ᵉ journée, son équipe aligne cinq succès d'affilée. Arsenal, qui pouvait profiter des déboires continus de Chelsea, de Manchester United et de l'irrégularité de Manchester City, par ailleurs préoccupé par la Ligue des champions, se ramasse en beauté. Les Foxes avancent. Seul Tottenham s'accroche, mais de loin, toujours à 6 ou 7 longueurs alors que la fin de saison se profile.

Finalement, Leicester obtient un nul sur la pelouse de Manchester United (1-1) et se retrouve sacré le lendemain, à la faveur du résultat entre Chelsea et Tottenham (2-2). À deux journées de la fin. « C'est la plus grande réussite dans l'histoire de ce grand club et on a le privilège d'en faire partie », synthétise Vardy. À peine une journée pour célébrer et, déjà, les questions : comment garder les joueurs révélés comme Mahrez, Vardy, Kanté ou même Schmeichel, le gardien fils de Peter, l'ancienne légende danoise de Manchester United ? Comment construire une équipe capable de figurer correctement en Ligue des champions en 2017 ? Immédiatement, l'actionnaire thaïlandais prend position et assure que l'effectif ne sera pas pillé. « Leicester ne vendra pas ses joueurs, assène le vice-président. Nous cherchons à créer les bases d'une équipe. Tous les joueurs veulent rester. Ils sont heureux à Leicester. » L'ivresse des cimes, ça vous plonge le moindre milliardaire dans une euphorie optimiste...

« Leicester ne vendra pas ses joueurs. Nous cherchons à créer les bases d'une équipe. Tous les joueurs veulent rester. Ils sont heureux à Leicester.

AIYAWATT SRIVADDHANAPRABHA

GARDE vite relevé

Appelé au chevet et au secours d'Aston Villa début novembre 2015, plus de trois ans après avoir quitté le banc de Lyon, Rémi Garde quitte Birmingham en mars 2016. À 49 ans, l'ancien joueur d'Arsenal n'a remporté que deux matchs de championnat et un de Coupe en 23 rencontres à la tête du club. Fin mars, l'aventure s'est donc terminée, plutôt mal. L'échec est cuisant, mais le Français n'a guère eu les moyens de sortir les Villans des tréfonds du classement, ses dirigeants lui refusant tout renfort lors du marché hivernal des transferts. La mission avait tout l'air d'un traquenard, même programmée jusqu'en... 2019. Finalement, elle aura duré cinq mois.

La direction du club, le staff et les joueurs des Foxes peuvent exulter : Leicester est champion d'Angleterre.

POWER
BARCLAYS
#SpiritoftheGame
BARCLAYS
AMPIONS
2015/16
BARCLAYS
#SpiritoftheGame
BARCLAYS
#SpiritoftheGame

LES TOPS

1 Riyad MAHREZ

L'éclosion

Né à Sarcelles (Val-d'Oise), formé au Havre, Riyad Mahrez constitue avec Jamie Vardy et N'Golo Kanté une des belles surprises révélées par Leicester. Buteur et passeur, l'international algérien de 25 ans est un talent pur.

2 Harry KANE

La confirmation

Déjà très en vue la saison 2014-2015 (21 buts en championnat), Harry Kane a confirmé qu'il était, à 23 ans, l'avenir des attaquants anglais. Tottenham lui doit beaucoup dans son renouveau.

3 Jamie VARDY

La révélation

Longtemps habitué aux divisions inférieures et régionales du football anglais, Vardy se révèle tardivement. À 29 ans, il réalise avec Leicester une incroyable saison et s'est ouvert les portes de la sélection nationale.

4 N'Golo KANTÉ

L'explosion

À 25 ans, l'ancien joueur de Caen est devenu essentiel dans l'équipe de Leicester. « Un jour, je le verrai centrer pour conclure lui-même de la tête », dit son entraîneur Claudio Ranieri. Une saison éclatante du début à la fin avec, en prime, des galons d'international en bleu.

5 Romelu LUKAKU

L'ascension

On ne savait pas trop quoi penser de l'international belge, prêté sans arrêt par Chelsea depuis qu'il y a été transféré en 2011 contre 20 millions d'euros en provenance d'Anderlecht. L'attaquant d'Everton a été très constant et consistant et, à 23 ans, semble enfin lancé vers les sommets.

LES FLOPS

5 — Eden HAZARD

Évaporé

Meilleur joueur du championnat la saison précédente, le milieu belge de Chelsea s'est totalement disloqué. Jamais buteur avant la… 32e journée, rarement passeur au milieu d'une équipe de Chelsea traumatisée par José Mourinho, Hazard, 25 ans, a été totalement transparent.

4 — Bastian SCHWEINSTEIGER

Pétrifié

Il a choisi, après douze saisons au Bayern Munich, de tenter l'aventure en Premier League. Sa saison à Manchester United est pourtant proche du calvaire. Champion du monde, Bastian Schweinsteiger n'a jamais été au niveau de ce statut. À 32 ans, il n'a pas réussi à s'imposer chez les Red Devils.

3 — Christian BENTEKE

Enrayé

Brillant avec Aston Villa, où il est devenu en trois saisons une référence du championnat d'Angleterre, l'attaquant belge, 25 ans, a coincé avec Liverpool. Il y est arrivé sur l'insistance de Brendan Rodgers, manager viré au bout de quelques mois. Cela a semblé couper son élan.

2 — Theo WALCOTT

Oublié

Il fut longtemps un grand espoir du football anglais. Depuis près de dix ans, il espère même succéder à Thierry Henry comme l'attaquant vedette des Gunners. Mais voilà, Theo Walcott a maintenant 27 ans et malgré la blessure de Danny Welbeck et l'irrégularité d'Olivier Giroud, il n'a pas saisi l'opportunité de devenir incontournable à Arsenal.

1 — Clinton NJIE

À côté

Tottenham a réalisé une sacrée saison, mais le Camerounais Clinton Njie n'y a guère participé. L'ancienne pépite lyonnaise, 22 ans, a certes été blessée, mais ses quelques apparitions avec les Spurs n'ont jamais été convaincantes.

LA JUVE
DANS LA LÉGENDE

Cinquième titre d'affilée pour la Juventus Turin dont le deuxième tiers de championnat a été ahurissant.

En Italie, le tableau est assez clair : le flou qui règne à Milan a plongé l'ancienne place forte de l'Europe, plus grand club du monde, dans une instabilité que son titre, en 2011, n'a pas enrayée. Le Milan AC est une ombre, qui se bat désormais pour échapper au milieu de tableau de la Serie A. L'autre club de la ville, l'Inter, n'en finit plus de mal digérer son sacre en Ligue des champions en 2010. Ambitieux à chaque début de saison, il ne parvient pas à rester bien longtemps un candidat sérieux au titre. La déconfiture de ces deux anciennes superpuissances est allée de pair avec le renouveau d'une Vieille Dame qui règne sans partage sur le championnat italien depuis cinq saisons. Sacrée cinq fois d'affilée depuis 2012, la Juventus Turin, finaliste de la Ligue des champions en 2015, éliminée en huitième cette saison lors d'une époustouflante confrontation avec le Bayern Munich, continue de porter haut les couleurs du football italien en Europe.

Elle avait, déjà dans son histoire, remporté le championnat cinq fois de suite. C'était entre 1931 et 1935… Depuis, le Torino (entre 1943 et 1949, sachant que les éditions 1943-1944 et 1944-1945 ne furent pas disputées) et l'Inter (2006 à 2010) ont réalisé cette performance. Et, franchement, « performance » est le mot adéquat. Parce que rien ne semblait indiquer, au cœur de l'été, que la Juventus serait en mesure de poursuivre sur sa lancée. Déjà, elle devait composer avec trois départs majeurs : son buteur argentin, Carlos Tévez, décidé à rentrer au pays, à Boca Juniors ; son milieu à tout faire chilien Arturo Vidal, enrôlé par le Bayern Munich (contre 40 millions d'euros), et son emblématique champion du monde Andrea Pirlo, en partance pour la Major League Soccer et le club de New York City.

BUFFON : « FOU ET ÉTONNANT »

Cela s'appelle un gros trou dans la raquette. Et il semblait s'agrandir au fur et à mesure que le championnat se déroulait. Catastrophique, le départ de la Juventus ? Oui. Udine s'impose d'entrée à Turin (1-0) et la défaite à Rome, dès la 2e journée (1-2) face à un rival sérieux pour le titre, annonce des semaines compliquées pour Massimiliano Allegri, l'entraîneur, mais aussi pour ses recrues les plus exposées, l'Allemand Sami Khedira (ex-Real), le Croate Mario Mandzukic (ex-Atlético) et l'Argentin Paulo Dybala (ex-Palerme). Lors de la 6e journée, la Vieille Dame s'incline encore face à un autre prétendant, Naples (2-1). Ça va mal, très mal, même. L'avenir d'Allegri, successeur contesté d'Antonio Conte un an auparavant (pas simple d'arriver du Milan…), commence à s'assombrir. Le technicien italien compte quelques oiseaux de mauvais augure pour prédire son limogeage. Au soir de la 10e journée, son équipe est 12e. Elle compte 11 points de retard sur le leader, l'AS Rome et 9 sur le trio Naples-Fiorentina-Inter. Et reste sur un revers (0-1) à Sassuolo, le quatrième de la saison.

Bonucci, pilier
de la défense turinoise.

UNE STATUE pour Totti

Il a débuté sous les couleurs de l'AS Rome à 16 ans, en 1993. Symbole du club de la capitale, Francesco Totti, 40 ans, est un mythe vivant. Sa fidélité et les plus de 600 matchs disputés en Serie A y sont pour beaucoup (seuls Paolo Maldini et Javier Zanetti en ont disputé davantage). Sa fin de saison avec les Romains a ajouté à son aura. Condamné au banc des remplaçants par le successeur d Rudi Garcia, Luciano Spalletti, le capitaine romain est revenu en grâce au printemps, marquant des buts décisifs qui ont permis à la Roma d'accrocher le wagon de la Ligue des champions. Et de conduire ses dirigeants à souhaiter prolonger son contrat…

Dybala, une adaptation express.

Ce sera le dernier. Dès lors, la Juve enchaîne une invraisemblable série : 25 succès en 26 rencontres, 76 points sur 78 possibles. La Vieille Dame danse sur ses adversaires et remonte vite vers les sommets pour s'installer en tête aux dépens de Naples, au soir de la 25e journée, en battant in extremis le Napoli (1-0, but de Zaza à la 88e). « C'était le match le plus important de notre saison, estime Allegri. Ce succès a été décisif pour la conquête du titre. » Le sacre de champion à trois journées de la fin, le club turinois le doit essentiellement à une solidité retrouvée et à toute épreuve. Dix matchs d'affilée sans encaisser le moindre but, seulement 9 buts encaissés entre la 10e et la 36e journée. « L'exploit que nous avons accompli est fou et étonnant, dit le gardien Gianluigi Buffon. Je crois que c'est de loin le plus beau *scudetto*, car il s'agit d'une démonstration de force incroyable. C'est la victoire de la cohésion et de la solidité, de l'équipe jusqu'au staff. Ce titre est gratifiant pour moi et, sans vouloir paraître présomptueux, je crois qu'il est juste. » Pour son latéral gauche, Patrice Evra, il est « normal » : « On a seulement fait notre travail. »

Les Turinois seraient presque lassés d'être champions, ou plutôt gagnés par un appétit féroce. Evra évoque la Ligue des champions comme objectif suprême désormais. « C'est le but, confirme Massimiliano Allegri. Et de remporter aussi un 6e championnat d'Italie d'affilée, ce que personne n'a jamais encore réussi. Nous voulons entrer dans la légende. » C'est une épidémie dans le Piémont. Paul Pogba le dit à la « une » du mensuel *So Foot*, il veut « devenir une légende », l'égal de Pelé et Maradona. Le défenseur Leonardo Bonucci, lui, souhaite « devenir une légende avec la Juventus ». Bref, il y a du légendaire dans l'air au moment où s'enchaînent les spéculations sur le futur des uns et des autres, Evra, Pogba ou Mandzukic notamment.

Rarement la Juventus aura connu autant d'incertitudes. En prolongeant rapidement le contrat de l'entraîneur jusqu'en 2018, quelques jours après le sacre, les dirigeants ont souhaité donner des garanties de stabilité. La nouvelle position de la Juventus, redevenue ce qu'elle était au début des années 1980 (époque Platini) et au milieu des années 1990 (époque Deschamps-Zidane), ne saurait tolérer un pillage. La Vieille Dame n'a plus remporté la Ligue des champions depuis 1996 et on sent qu'elle considère cela comme une erreur de l'histoire. L'histoire, c'est son truc après tout.

« C'est le but. Et de remporter aussi un 6e championnat d'Italie d'affilée. Nous voulons entrer dans la légende.

MASSIMILIANO ALLEGRI

La Vieille Dame a toujours faim et savoure la Coupe d'Italie.

LES TOPS

1 Paulo DYBALA

Bonne pioche

Annoncé en Argentine, où il est né, comme un héritier de Lionel Messi, Paulo Dybala a débarqué en Italie à Palerme. Trois saisons plus tard, le voilà à la Juventus Turin contre 32 millions d'euros. Et sa première année avec la Vieille Dame, à 22 ans, fut quasi parfaite.

2 Gonzalo HIGUAIN

Métronome

Sa troisième saison à Naples fut sans doute sa meilleure. Il a porté son équipe à bout de bras, inscrivant plus de 30 buts en Serie A. À 28 ans, l'Argentin a réalisé sa meilleure saison depuis six ans (il avait inscrit 27 buts avec le Real en 2010).

3 Paul POGBA

Indispensable

Pour un milieu relayeur, Paul Pogba est toujours aussi efficace, approchant les 10 buts en Serie A. Saison après saison, le Français confirme sa stature à la Juventus dont il devient, à seulement 23 ans, le joueur emblématique, digne successeur du légendaire Andrea Pirlo.

4 Gianluigi DONNARUMMA

La relève

Son frère, Antonio, fut gardien au Milan AC, entre 2008 et 2012, mais fut toujours prêté. Il est aujourd'hui remplaçant au Genoa. Gianluigi Donnarumma, lui, a porté le maillot rossonero à seulement 16 ans, devenant titulaire à la place de Diego Lopez. Son agent, le même qu'Ibrahimovic et Pogba, estime qu'il vaut 170 millions d'euros sur le marché.

5 Gianluigi BUFFON

Inusable

Le champion du monde 2006 reste une référence. À 38 ans, Gianluigi Buffon a établi cette saison un nouveau record d'invincibilité : 973 minutes sans encaisser de but. Il est le symbole d'une défense turinoise extrêmement efficace.

LES FLOPS

5 Edin DZEKO

Essoufflé

Sa dernière saison à Manchester City avait été pénible alors qu'il restait sur trois championnats de qualité. Le Bosniaque a toutefois eu du mal à se relancer en Italie où, avec l'AS Rome, il a marqué moins de 10 buts en Serie A. Son plus mauvais total depuis ses débuts à Wolfsburg, en 2007.

4 Maxi LOPEZ

Maxi mini

Il a porté les couleurs du Milan AC, mais aussi de Barcelone, où il évoluait avec… Thierry Henry, en 2006. À 32 ans, Maxi Lopez restait sur une belle demi-saison avec Torino (8 buts en 18 matchs) et était espéré comme le sauveur en août 2015. Mais l'Argentin n'a inscrit que 3 buts… et vu revenir, en janvier, Ciro Immobile (ex-Séville et Dortmund), héros du club avec lequel il fut meilleur buteur de Serie A en 2014.

3 Geoffrey KONDOGBIA

À l'ombre

Restant sur deux bonnes saisons avec Monaco, Geoffrey Kondogbia s'est engagé avec l'Inter Milan contre 40 millions d'euros, devenant le troisième transfert le plus cher de l'histoire du club derrière Ibrahimovic et Crespo. Mais le jeune Français de 23 ans, qui pouvait espérer jouer l'Euro avec les Bleus, a perdu sa place de titulaire et disparu des radars.

2 Diego LOPEZ

Fait banquette

Il s'est fait connaître il y a trois saisons en poussant Iker Casillas sur le banc du Real Madrid, José Mourinho le préférant alors au champion du monde et d'Europe espagnol. Mais après une première saison correcte à Milan, Diego Lopez, 34 ans, a lui aussi connu les affres des choix d'entraîneurs, cédant sa place à un jeune espoir du club, Gianluigi Donnarumma.

1 Mario BALOTELLI

Aux oubliettes

En échec à Liverpool en 2014-2015 (un seul but en 16 rencontres de Premier League), Mario Balotelli est revenu à Milan (il y a joué entre 2012 et 2014) pour tenter une nouvelle relance. À 26 ans, il ne cesse d'essayer de trouver un deuxième souffle à une carrière qui, finalement, n'a jamais vraiment décollé.

LE BAYERN EST ABONNÉ

Pour la quatrième fois de rang, le Bayern Munich domine la Bundesliga. Trois titres en trois saisons pour Pep Guardiola, qui prendra désormais en main le destin de Manchester City.

L'histoire s'écrit à l'avance et le Bayern Munich du XXIe siècle la traîne comme un boulet. Il se doit d'être champion d'Allemagne, c'est dans la logique des choses. Et s'il manque à son obligation, la crise est là, l'échec évident. A contrario, s'il finit par s'imposer, ce n'est qu'une logique ennuyeuse qui l'amène vers le sommet, une routine sans relief qui ne mériterait quasiment pas que l'on soulève le moindre sourcil. Voilà une flagrante injustice que l'on pourrait comparer à celle que vit le Paris SG en Ligue 1. Sauf qu'il serait malhonnête de comparer la L1 et la Bundesliga.

Certes, le Bayern, qui figure parmi les cinq clubs les plus riches du monde, qui s'appuie sur une histoire et un palmarès (cinq fois vainqueur de la Ligue des champions) impressionnants, se présente dans la peau du favori à l'entame du championnat, mais il existe une opposition, symbolisée par Dortmund. Avant que le club bavarois ne mette ses deux mains sur la Bundesliga, le Borussia est le dernier club à avoir inscrit son nom au palmarès (2011 et 2012). Cette saison encore, « il nous a empoisonné la vie », reconnaît Thomas Müller.

Le mérite de Dortmund fut sans doute d'empêcher les Munichois de s'échapper trop vite et de maintenir une illusion jusqu'au printemps. Parce que, lors des dix premières journées, voilà que le Bayern ne lâche aucun point. Dortmund essaie de suivre, mais c'est franchement difficile et à mi-parcours, les joueurs de Pep Guardiola comptent déjà 8 points d'avance sur leur dauphin. Ils n'ont concédé qu'un nul et une défaite lors de la phase aller, imposent un rythme de champion qui pourrait les amener à battre leur record de 91 points, datant de 2013. Ils ne marchent pas sur l'eau, ils l'aspergent sur tout ce qui bouge. Robert Lewandowski, auteur d'un quintuplé contre Wolfsburg, le 22 septembre 2015 (5-1), marque tous les week-ends ou presque et se voit même propulsé comme un outsider sérieux dans la course au Ballon d'or.

GUARDIOLA DÉDIE LE TITRE À HEYNCKES

En Allemagne ou en Europe, le Bayern impressionne tant qu'il sort de la trêve hivernale avec un statut équivalent à celui du FC Barcelone. Quelque chose va venir troubler cet emballement. Pas d'écroulement, pas d'affaissement, juste un ralentissement qui coïncide avec l'annonce du départ de Pep Guardiola vers Manchester City. La nouvelle tombe en février. Dès ce moment, le Bayern perd de sa superbe. Au soir de la 24e journée, Dortmund revient même à 5 longueurs, juste avant de recevoir son rival. Mais au Signal Iduna Park, le Borussia ne parvient pas à déjouer un Bayern sans génie, mais solide (0-0). Il perd l'occasion de déstabiliser vraiment la formation bavaroise qui maintiendra son avance

Malgré les efforts de Naldo pour stopper Lewandowski, le Bayern s'impose contre Schalke et règne sur la Bundesliga.

jusqu'au bout, finalement sacrée au soir de l'avant-dernière journée, en s'imposant à quelques kilomètres de Munich, à Ingolstadt (2-1), tandis que le BvB tombe à Francfort (0-1). « Dortmund a quand même réalisé une phase retour formidable, commente Thomas Müller. Hormis cette défaite, ils n'ont pas perdu un match depuis janvier. Ils ont fait plus que se défendre et nous ont laissés constamment sous pression. C'était le plus serré de nos quatre derniers titres. On voulait vraiment éviter de jouer ce titre lors de la dernière journée et je peux vous dire qu'on a très sérieusement travaillé la préparation de ce match à Ingolstadt. »

Quelques jours après l'élimination en demi-finale de la Ligue des champions à Madrid (0-1 ; 2-1), face à l'Atlético, le Bayern « panse ses plaies avec ce titre », se réjouit le président du conseil de surveillance, l'ancien Ballon d'or Karl-Heinz Rummenigge. « C'est une performance historique, jamais réussie en Allemagne. Bravo aux joueurs et bravo à l'entraîneur. » L'entraîneur, Pep Guardiola, champion lors des trois saisons qu'il aura passées à Munich, dédie ce succès à son… prédécesseur, Jupp Heynckes : « Jupp, c'est pour toi ! » lâche-t-il avant de remercier tout le monde de l'accueil malgré les critiques et le scepticisme qui ont entouré certains de ses choix et la déception de n'avoir jamais atteint la finale de la C1. « Je sais ce que j'ai fait, j'en suis très fier et les gens peuvent penser ce qu'ils veulent, répond le Catalan. J'ai été heureux des expériences que j'ai pu connaître avec le Bayern et en Allemagne. »

« C'est une performance historique, jamais réussie en Allemagne. Bravo aux joueurs et bravo à l'entraîneur.

KARL-HEINZ RUMMENIGGE

Le technicien catalan a assuré la pérennité du Bayern au sommet de la Bundesliga, amené des joueurs comme Coman ou Alaba à accomplir de grands progrès dans une formation où l'influence de Franck Ribéry n'a cessé de diminuer. Le Bayern, qui est devenu un des clubs européens les plus attractifs pour les stars étrangères (il l'était déjà pour les meilleurs Allemands), s'apprête à changer d'ère et, preuve que les dirigeants n'ont pas écouté les plus conservateurs des observateurs – dont Franz Beckenbauer –, nostalgiques d'un jeu plus direct, plus germanique, ils ont choisi Carlo Ancelotti pour succéder à Guardiola. L'Italien a remporté deux fois la C1 comme joueur (1989, 1990) et trois fois comme entraîneur (2003, 2007, 2014). Ce pedigree lui interdit, avant même d'avoir posé le pied en Bavière, de ne pas remporter la Bundesliga 2017.

BRÉGERIE, mission réussie

C'est l'histoire d'un petit gars formé à Bordeaux, mais qui ne perça pas plus haut que la Ligue 2 (à Metz, notamment). Romain Brégerie quitta alors la France, en 2011, pour aller en D2 allemande, au Dynamo Dresde, puis à Darmstadt, la saison dernière, où il participa activement à la montée en Bundesliga (6 buts inscrits). Le défenseur central 6 fois sélectionné en équipe de France des moins de 20 ans, évoluait chez un autre promu, Ingolstadt, le club de la ville d'Audi. Aligné 23 fois par son entraîneur, dont 15 titularisations, Brégerie, 30 ans, s'est installé dans sa nouvelle équipe qui a obtenu tranquillement son maintien.

Ému aux larmes, Guardiola quitte le Bayern après trois ans de loyaux services.

LES TOPS

1 Thomas MÜLLER

Le métronome

Son allure le dessert et pourtant, quel joueur ! Il sait tout faire, symbolise la domination du Bayern, où il a effectué toute sa carrière, sur le championnat allemand depuis quatre ans. Et Müller (27 ans) marque de plus en plus…

2 Pierre-Emerick AUBAMEYANG

La confirmation

À 27 ans, l'ancien Stéphanois progresse chaque année depuis qu'il a rejoint le Borussia Dortmund. Sa troisième saison dans la Ruhr a été parfois éblouissante. Jusqu'à la fin de la saison, il a contesté la suprématie de Robert Lewandowski comme meilleur buteur de Bundesliga.

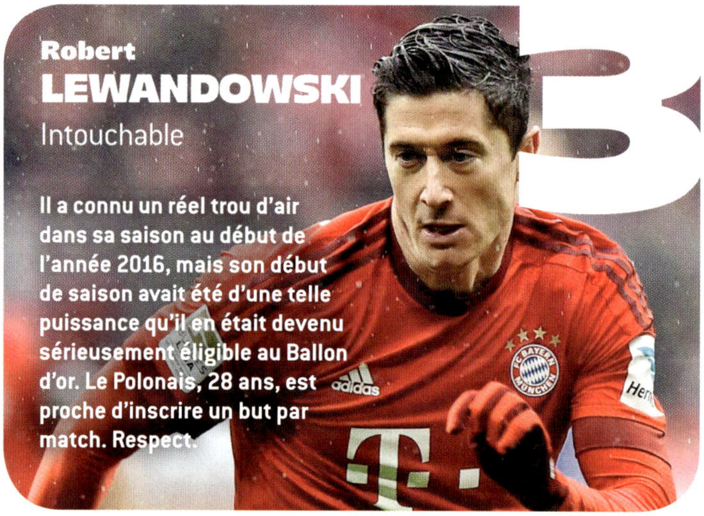

3 Robert LEWANDOWSKI

Intouchable

Il a connu un réel trou d'air dans sa saison au début de l'année 2016, mais son début de saison avait été d'une telle puissance qu'il en était devenu sérieusement éligible au Ballon d'or. Le Polonais, 28 ans, est proche d'inscrire un but par match. Respect.

4 Javier HERNANDEZ

Le retour

On le quitte à Manchester, on le perd un peu de vue au Real Madrid et on le retrouve au Bayer Leverkusen. Il est parvenu à y prendre la place de meilleur buteur à Stefan Kiessling, emblématique attaquant du club depuis une décennie. Le Mexicain, 28 ans, s'est bien relancé en Allemagne.

5 RAFFAEL

La sentinelle

Il a 31 ans et évolue en Europe depuis le début du siècle. Révélé en Suisse, où il a passé cinq saisons, il est devenu une référence de la Bundesliga au Hertha Berlin. Depuis trois saisons, il participe au renouveau du Borussia Mönchengladbach. Impliqué directement en 2015-2016 sur la moitié des buts de son équipe en championnat.

LES FLOPS

5

Mario GÖTZE

Aux oubliettes

À peine 900 minutes de jeu, dix titularisations : le buteur de la finale de la Coupe du monde 2014 n'aura jamais gagné la confiance de Pep Guardiola au Bayern. Un retour à Dortmund, malgré l'hostilité des supporters, a été envisagé. À moins qu'Ancelotti ne parvienne à relancer l'attaquant de 24 ans.

4

Kevin KURANYI

Dans le trou

Cinquante-neuf fois international, incarnant la tradition des attaquants allemands athlétiques et efficaces, Kevin Kuranyi est revenu l'été dernier du Dynamo Moscou pour aller à Hoffenheim, où, à 34 ans, il devait être un capitaine de route et un leader d'attaque. Treize matchs seulement, aucun but et très vite le banc des remplaçants. La cata.

3

Franco DI SANTO

Dans l'impasse

Dix-sept buts en deux saisons à Wolfsburg : Franco Di Santo, trois fois sélectionné en équipe d'Argentine, avait un profil idéal pour relancer Klaas-Jan Huntelaar, voire pour lui succéder comme attaquant vedette de Schalke 04. Sauf que l'Argentin de 27 ans n'a trouvé que deux fois le chemin des filets au cours d'une saison pénible pour lui et pour son club.

2

Nuri SAHIN

Dans le jus

Éclatant avec Dortmund la saison du titre 2011, Nuri Sahin a choisi de rejoindre le Real Madrid. Il s'y est perdu, tout comme à Liverpool, où il n'est resté que six mois. Mais depuis son retour au Borussia, le Turc (47 sélections, 28 ans) ne retrouve pas de seconde jeunesse. Il est devenu un joueur de complément et la belle saison du Borussia ne lui doit pas grand-chose. Dommage.

1

Aaron HUNT

Dans le flou

Formé et révélé au Werder Brême, Aaron Hunt fut longtemps une valeur sûre de la Bundesliga, flirtant même avec la sélection (3 fois international). Après une année manquée à Wolfsburg, il devait, à l'image de Kuranyi à Hoffenheim, s'installer comme leader à Hambourg, lassé de voir planer la menace d'une relégation chaque saison. Hélas, il n'a marqué que deux fois et n'est pas parvenu à relancer sa carrière dans la Hanse.

MESSI SURPLOMBE, PLATINI TOMBE

Joyeuse ou triste, l'actualité de la saison 2015-2016 a été ardente. Le *Livre d'or* vous offre donc le onze type de tout ce qu'il est impossible d'ignorer. Où l'on croise encore Messi, mais aussi Platini, Cruyff, Lewandowski ou Mourinho.

① *MERCATO EN CHALEUR*

Sur le marché des transferts, l'été 2015 est bouillant. Après vingt-cinq ans passés au Real Madrid, le gardien Casillas part à Porto. L'Allemand Schweinsteiger quitte le Bayern pour Manchester United. Manchester City flambe en recrutant le défenseur argentin Otamendi à Valence pour 45 millions d'euros et surtout le Belge De Bruyne à Wolfsburg pour 75 millions. De leur côté, l'Espagnol Xavi (Barcelone) et l'Anglais Gerrard (Liverpool) partent pantoufler royalement au Qatar et aux États-Unis.

② *LE BARÇA DE HAUT EN BAS*

Festival offensif à l'occasion de la Supercoupe d'Europe remportée par Barcelone contre Séville (5-4 après prolongation, un doublé de Messi). Quatre jours plus tard, le Barça explose à Bilbao en finale aller de la Supercoupe d'Espagne (4-0, 1-1 au retour). Cela faisait quatorze ans qu'il n'avait pas encaissé 8 buts en deux matchs. En décembre, il remportera la Coupe du monde des clubs en battant en finale les Argentins de River Plate (3-0, un doublé de Suarez).

③ *LA MITRAILLETTE LEWANDOWSKI*

Entré en jeu à la 46e minute du match Bayern-Wolfsburg (5-1) comptant pour la 6e journée de Bundesliga, alors que le score est de 0-0, le Polonais Lewandowski inscrit 5 buts en 10 minutes entre la 51e et la 60e minute, dont une superbe reprise acrobatique des 18 mètres. Un record qui sera difficile à battre.

④ *UN GARDIEN S'EST ENVOLÉ*

Trois fois champion de France (Strasbourg 1979, Bordeaux 1985 et 1987), deux fois vainqueur de la Coupe de France (1986 et 1987), Dominique Dropsy, devenu après sa carrière de joueur entraîneur des gardiens girondins, décède d'une leucémie à 63 ans, le 7 octobre 2015. Dix-sept fois international, il avait disputé 596 matchs de Ligue 1 (un record à l'époque, seulement battu depuis par deux autres gardiens, Jean-Luc Ettori puis Mickaël Landreau).

5 PRENDS GARDE À TOI

Nommé à la tête d'un club bon dernier de Premier League, licencié alors qu'il était encore un peu plus dernier et promis à la relégation, l'ancien entraîneur de l'OL Rémi Garde ne sera resté que 149 jours à la tête d'Aston Villa. Un rêve devenu cauchemar.

6 SALE DOUBLÉ POUR MOURINHO

Chelsea n'a glané que 4 points en 5 matchs lorsque son emblématique coach José Mourinho déclare : « Je sais que beaucoup de gens sont heureux de me voir enfin, après tant d'années, dans une situation aussi compliquée pour la première fois de ma carrière. Profitez-en. Avec mon équipe, je me relèverai. »

Mauvais pronostic. Après 16 journées (et 15 points), le Portugais à la mémoire sélective est viré du club londonien pour la seconde fois de sa carrière (septembre 2007).

7 LA CHUTE DE PLATINI

Le 29 juillet 2015, le président de l'UEFA Michel Platini annonce qu'il est candidat pour succéder au Suisse Sepp Blatter à la tête de la FIFA. Grand favori de l'élection, le meilleur joueur français de l'histoire est rattrapé à l'automne par une sombre affaire de contrat oral passé en 1998 avec Blatter et d'argent versé seulement douze ans plus tard (2 millions de francs suisses). Suspendu par la commission d'éthique de la FIFA (sanction ramenée par le TAS de six ans à quatre ans d'interdiction d'exercer des activités dans le monde du football), il est déchu de toutes ses fonctions.

8 MESSI 5 SUR 5

Pour remporter le Ballon d'or 2015, le 5e de sa carrière (record en cours), l'Argentin du Barça Lionel Messi écrase la concurrence en recueillant 41,33 % des suffrages du jury (journalistes, sélectionneurs et capitaines de sélections), contre 27,76 % pour son dauphin, le tenant du titre, le Portugais Cristiano Ronaldo, et 7,86 % pour son coéquipier brésilien Neymar.

9 INFANTINO REFAIT LE MONDE

Michel Platini empêché de se présenter à la présidence de la FIFA, c'est son ancien secrétaire général à l'UEFA qui rafle la mise. À 45 ans, le Suisse du Valais (comme son prédécesseur Sepp Blatter) Gianni Infantino s'impose au second tour en devançant de 27 votes son principal rival le cheikh Salman du Bahreïn (115 voix à 88).

10 LA MORT D'UN GÉNIE

Décédé le 24 mars à 68 ans des suites d'un cancer, Johan Cruyff peut être considéré comme l'inventeur du football moderne, un football total et emballant mis en place avec l'entraîneur Rinus Michels dans son club formateur, l'Ajax d'Amsterdam. Avec cette équipe où tout le monde attaquait et défendait, il remporta trois Coupes d'Europe des clubs champions consécutives (1971, 1972, 1973). Avec les Pays-Bas (48 sélections, 33 buts), il disputa (et perdit contre l'Allemagne) la finale du Mondial 1974. Devenu entraîneur à Barcelone (une victoire en C1), il fut l'initiateur d'un style de jeu sans concession entièrement tourné vers l'attaque. Durant sa carrière, Cruyff a joué 709 matchs et marqué 403 buts.

11 CAP 500 POUR « LA PUCE »

Extraordinaire Lionel Messi qui, le 17 avril, à 28 ans, dans le courant d'une 11e saison un peu moins prolifique que les précédentes, et lors d'une défaite à domicile contre Valence (2-1), inscrit le 500e but officiel de sa carrière (en 631 matchs). En fin de saison régulière (hors Copa América), il en était à 503 buts répartis de la façon suivante : 312 en Liga, 39 dans les Coupes nationales, 19 dans les Supercoupes et Coupe du monde des clubs, 83 en Coupe d'Europe et 50 sous le maillot argentin.

ORIGINE DES DOCUMENTS PHOTOGRAPHIQUES

Les photographies de l'intérieur sont de

Presse Sports : pp. 4-6, 20-23, 26, 47, 53, 62-63, 68-70, 74HG, 76, 87-88, 92, 94, 122-125, 139, 141-142, 144HG, 144BG.

AFP : pp. 8, 15-18, 25, 27-43, 44HG, 44HD, 48, 54, 58-61, 73, 90, 97, 104-121, 128HG, 157B, 158-159.

Panoramic : pp. 11-13, 44MD, 44BG, 44BD, 45, 51-52, 55-56, 64-67, 74HD, 74MD, 74BG, 74BD, 75, 78-85, 93, 98-103, 128HD, 128MD, 128BG, 128BD, 129-137, 140, 144HD, 144MD, 144BD, 145-156, 157HG, 157HD, 157MG, 157MD.

Couverture et quatrième de couverture :
En couverture : Antoine Griezmann/Icon Sport.
En quatrième de couverture (de haut en bas et de gauche à droite) : Zinedine Zidane, Paul Pogba/Panoramic, Marco Verratti/Icon Sport, Cristiano Ronaldo/Panoramic.

LES RÉSULTATS

CHAMPIONNAT DE FRANCE DE LIGUE 1

CLASSEMENT FINAL	PTS	J.	G.	N.	P.	BP	BC	DIFF.
1. Paris SG	96	38	30	6	2	102	19	+83
2. Lyon	65	38	19	8	11	67	43	+24
3. Monaco	65	38	17	14	7	57	50	+7
4. Nice	63	38	18	9	11	58	41	+17
5. Lille	60	38	15	15	8	39	27	+12
6. Saint-Étienne	58	38	17	7	14	42	37	+5
7. Caen	54	38	16	6	16	39	52	-13
8. Rennes	52	38	13	13	12	52	54	-2
9. Angers	50	38	13	11	14	40	38	+2
10. Bastia	50	38	14	8	16	36	42	-6
11. Bordeaux	50	38	12	14	12	50	57	-7
12. Montpellier	49	38	14	7	17	49	47	+2
13. Marseille	48	38	10	18	10	48	42	+6
14. Nantes	48	38	12	12	14	33	44	-11
15. Lorient	46	38	11	13	14	47	58	-11
16. Guingamp	44	38	11	11	16	47	56	-9
17. Toulouse	40	38	9	13	16	45	55	-10
18. Reims	39	38	10	9	19	44	57	-13
19. GFC Ajaccio	37	38	8	13	17	37	58	-21
20. Troyes	18	38	3	9	26	28	83	-55

Paris SG et Lyon en Ligue des champions. Monaco qualifié pour le 3e tour préliminaire de la Ligue des champions.
Nice qualifié pour le 3e tour préliminaire de l'Europa League.
Reims, GFC Ajaccio et Troyes relégués en Ligue 2.

CLASSEMENT DES BUTEURS

38 buts: Ibrahimovic (Paris SG)
21 buts: Lacazette (Lyon)
19 buts: Cavani (Paris SG)
17 buts: Batshuayi (Marseille), Ben Yedder (Toulouse), Ben Arfa (Nice)
14 buts: Germain (Nice)
13 buts: Moukandjo (Lorient)
12 buts: Dembele (Rennes), Delort (Caen)
11 buts: Boufal (Lille), Waris (Lorient), Braithwaite (Toulouse)
10 buts: Di Maria (Paris SG), Rodelin (Caen), Diabate (Bordeaux)
9 buts: Grosicki (Rennes), Ndoye (Angers), Lucas Moura (Paris SG), Roux (Saint-Étienne)
8 buts: Ghezzal, Cornet (Lyon), Ayite (Bastia), Larbi (Ajaccio)
7 buts: Briand, Salibur, Privat (Guingamp), Camara, Ninga (Montpellier), Sio (Rennes), Rolan (Bordeaux), Silva (Monaco), Jeannot (Lorient)
6 buts: De Préville (Reims), Plea (Nice), Sala (Nantes), Sankharé (Guingamp), Boutaïb (Ajaccio), Eder (Lille), Eysseric (Saint-Étienne), Fabinho (Monaco)
5 buts: Khazri, Ounas (Bordeaux), Tolisso, Beauvue (Lyon), Alessandrini, Cabella, Nkoudou (Marseille), Lemar (Monaco), Camus (Troyes), Mandi (Reims), Dabo (Montpellier), Pujol, Zoua (Ajaccio), Benzia (Lille), Ketkeophomphone (Angers), Danic (Bastia), Diagne (Rennes), Mangani (Angers)
4 buts: Matuidi, Kurzawa (Paris SG), Trejo (Toulouse), Sidibe (Lille), Benezet, Erding, Giresse (Guingamp), Cabot, Touré (Lorient), Carrillo, Love (Monaco), Bifouma, Charbonnier, Oniangue (Reims), Bammou (Nantes), Jean (Troyes), Capelle (Angers), Yatabare, Martin (Montpellier), Fékir (Lyon), Feret (Caen)
3 buts: Seri, Koziello (Nice), Crivelli, Plasil, Yambere (Bordeaux), Hamouma, Perrin, Sall, Beric (Saint-Étienne), Bedoya, Oliveira Tavares, Sigthorsson (Nantes), Maxwell (Paris SG), Guerreiro (Lorient), Coentrão, Costa, Touré, Traore, Pasalic (Monaco), Roussillon, Berigaud, Sanson (Montpellier), Siebatcheu, Ngog, Kyei, Rigonato (Reims), Mayi, Tshibumbu (Ajaccio), Henrique (Rennes), Ben Youssef (Caen), Brandao , Kamano (Bastia), Benrahma (Angers), Pi, Nivet (Troyes)
2 buts: Boudebouz, Skhiri, Bensebaini, Congre (Montpellier), Dirar, Raggi, Carvalho (Monaco), Pastore, Van der Wiel, Aurier, Lavezzi (Paris SG), Jouffre, Ndong (Lorient), Ferri, Grenier, Darder, Kalulu, Yanga-Mbiwa (Lyon), Djokovic, Filippi (Ajaccio), Thomasson, Audel, Sabaly (Nantes), Ntep, Doucoure, Boga, Gourcuff (Rennes), Palmieri, Diallo, Ngando, Cahuzac, Squillaci, Romain (Bastia), Traore (Nice), Fletcher, Sarr, Thauvin, Isla (Marseille), Söderlund, Monnet-Paquet, Tannane (Saint-Étienne), Yattara, Sunu, Saïss, Bouka Moutou, Thomas (Angers), Corchia, Lopes, Bauthéac, Amalfitano (Lille), Pesic, Kana-Biyik (Toulouse), Toure, Saivet, Contento (Bordeaux), Traore, Turan (Reims), Azamoum , Xavier Thiago (Troyes), Camara (Angers), Da Silva (Caen), Sorbon (Guingamp)
1 but: Barrada, Romao, Mendy, Diarra, Rabillard, Ocampos, Rolando, Rekik (Marseille), Jallet, Valbuena, Rafael, Perrin, Umtiti (Lyon), Mesloub, Bouanga, Abdullah (Lorient), Akpa-Akpro, Regattin, Machach, Doumbia, Bodiger, Tisserand (Toulouse), Maupay, Corgnet, Théophile Catherine, Bamba, Bahebeck, Pajot (Saint-Étienne), Gueye, Darbion, Othon, Ben Saada, Ayasse (Troyes), Blas, Diallo, Coco, Lévêque, Angoua (Guingamp), Quintero, Zeffane, Armand, Fernandes (Rennes), Maurice-Belay, Malcom, Pallois, Gajic, Pablo, Chantôme (Bordeaux), Luiz, Ongenda, Rabiot, Thiago Motta, Thiago Silva, Augustin, Marquinhos (Paris SG), Moutinho, Mbappe Lottin, Bahlouli, Cavaleiro, Bakayoko, Wallace (Monaco), Fofana, Raspentino, Coulibaly (Bastia), Obbadi, Sunzu, Amadou, Soumaoro (Lille), Le Bihan, Boscagli, N. Mendy, A. Mendy, Hult, Bodmer, Genevois, Le Marchand (Nice), Bangoura, Devaux, Bulot, Weber (Reims), Rongier, Iloki, Lenjani, Alegue, Gillet (Nantes), Imorou, Essat, Appiah, Kouakou, Ntibazonkiza, Louis, Yahia (Caen), Hilton, Marveaux (Montpellier), Karanovic, Diers, Bourillon, Traore (Angers), Toure, Mangane (Ajaccio), Diop (Toulouse)

CLUB PAR CLUB

AJACCIO
À domicile
Bat: Nice (3-1), Bordeaux (2-0), Lyon (2-1), Caen (1-0), Bastia (3-2).
Nul avec: Rennes (1-1), Toulouse (2-2), Lorient (1-1), Nantes (1-1), Reims (2-2), Guingamp (0-0), Marseille (Ajaccio 1-1).
Battu par: Angers (2-0), Monaco (1-0), Montpellier (4-0), Troyes (3-2), Saint-Étienne (2-0), Lille (4-2).
À l'extérieur
Bat: Reims (2-1), Bastia (2-1), Montpellier (2-0).
Nul avec: Troyes (0-0), Marseille (1-1), Monaco (2-2), Toulouse (1-1), Bordeaux (1-1), Angers (0-0).
Battu par: Paris SG (2-0), Lille (1-0), Guingamp (2-1), Caen (2-0), Saint-Étienne (2-0), Rennes (1-0), Nantes (3-1), Nice (3-0), Lyon (2-1).

ANGERS
À domicile
Bat: Troyes (1-0), Bastia (1-0), Lille (2-0), Caen (2-0), Monaco (3-0), Lorient (5-1).
Nul avec: Nantes (0-0), Nice (1-1), Reims (0-0), Guingamp (0-0), Paris SG (0-0), Bordeaux (1-1), Saint-Étienne (0-0).
Battu par: Rennes (2-0), Lyon (3-0), Montpellier (3-2), Marseille (1-0).
À l'extérieur
Bat: Montpellier (2-0), Ajaccio (2-0), Marseille (2-1), Toulouse (2-1), Lyon (2-0), Troyes (1-0), Bordeaux (3-1).
Nul avec: Caen (0-0), Guingamp (2-2), Angers (0-0), Lille (0-0).
Battu par: Lorient (3-1), Monaco (1-0), Saint-Étienne (1-0), Nice (2-1), Paris SG (5-1), Reims (2-1), Rennes (1-0), Nantes (2-0).

BASTIA
À domicile
Bat: Rennes (2-1), Guingamp (3-0), Toulouse (3-0), Caen (1-0), Bordeaux (1-0), Reims (2-0), Montpellier (1-0), Lyon (1-0), Troyes (2-0), Marseille (2-1).
Nul avec: Lorient (0-0), Nantes (0-0).
Battu par: Nice (3-1), Paris SG (2-0), Ajaccio (2-1), Monaco (2-1), Lille (2-1), Saint-Étienne (1-0).
À l'extérieur
Bat: Reims (0-1), Nice (0-2).
Nul avec: Lorient (1-1), Lille (1-1), Nantes (0-0), Troyes (1-1), Bordeaux (1-1), Caen (0-0).
Battu par: Saint-Étienne (2-1), Marseille (4-1), Lyon (2-0), Angers (1-0), Montpellier (2-0), Paris SG (2-0), Guingamp (1-0), Monaco (2-0), Toulouse (4-0), Ajaccio (3-2).

BORDEAUX
À domicile
Bat: Nantes (2-0), Lyon (3-1), Troyes (1-0), Monaco (3-1), Guingamp (1-0), Lille (1-0), Rennes (4-0).
Nul avec: Toulouse (1-1), Montpellier (0-0), Marseille (1-1), Nice (0-0), Ajaccio (1-1), Bastia (1-1).
Battu par: Reims (2-1), Caen (4-1), Saint-Étienne (2-1), Angers (3-1).
À l'extérieur
Bat: Montpellier (1-0), Guingamp (4-2), Monaco (2-1), Troyes (4-2).
Nul avec: Saint-Étienne (1-1), Lille (0-0), Paris SG (2-2), Rennes (2-2), Angers (1-1), Nantes (2-2), Marseille (0-0).
Battu par: Nice (6-1), Lorient (3-2), Ajaccio (2-0), Bastia (1-0), Lyon (3-0), Reims (4-1), Toulouse (4-0).

CAEN
À domicile
Bat: Toulouse (1-0), Montpellier (2-1), Ajaccio (2-0), Saint-Étienne (1-0), Guingamp (2-1), Nice (2-0), Rennes (1-0), Troyes (2-1).
Nul avec: Angers (0-0), Monaco (2-2), Bastia (0-0).
Battu par: Lyon (4-0), Nantes (2-0), Lille (2-1), Paris SG (3-0), Marseille (3-1), Reims (2-0), Lorient (2-1).
À l'extérieur
Bat: Marseille (1-0), Troyes (3-1), Reims (1-0), Bordeaux (4-1), Montpellier (2-1), Saint-Étienne (2-1).
Nul avec: Monaco (1-1), Rennes (1-1), Guingamp (1-1).
Battu par: Nice (2-1), Lorient (2-0), Bastia (1-0), Angers (2-0), Lille (1-0), Lyon (4-1), Ajaccio (1-0), Paris SG (6-0).

GUINGAMP
À domicile
Bat: Marseille (2-0), Ajaccio (2-1), Toulouse (2-0), Bastia (1-0), Troyes (4-0), Saint-Étienne (2-0).
Nul avec: Monaco (3-3), Lille (1-1), Lorient (2-2), Nantes (2-2), Angers (2-2), Montpellier (2-2), Caen (1-1).
Battu par: Lyon (1-0), Reims (2-1), Rennes (2-0), Bordeaux (4-2), Paris SG (2-0).
À l'extérieur
Bat: Nice (1-0), Troyes (1-0), Toulouse (2-1), Reims (1-0), Rennes (3-0).
Nul avec: Angers (0-0), Marseille (0-0), Ajaccio (0-0).
Battu par: Nantes (1-0), Bastia (3-0), Paris SG (3-0), Caen (2-1), Saint-Étienne (3-0), Bordeaux (1-0), Montpellier (2-1), Lorient (4-3), Lyon (5-1), Monaco (3-2).

LILLE
À domicile
Bat: Ajaccio (1-0), Montpellier (2-0), Saint-Étienne (1-0), Lorient (3-0), Caen (1-0), Lyon (1-0), Reims (2-0), Toulouse (1-0), Monaco (4-1).
Nul avec: Bordeaux (0-0), Bastia (1-1), Nice (1-1), Rennes (1-1), Angers (0-0).
Battu par: Paris SG (1-0), Nantes (1-0), Marseille (2-1), Troyes (3-1).
À l'extérieur
Bat: Caen (2-1), Bastia (2-1), Nantes (3-0), Ajaccio (4-2), Lorient (1-0).
Nul avec: Monaco (0-0), Lyon (0-0), Rennes (1-1), Guingamp (1-1), Nice (0-0), Troyes (1-1), Toulouse (1-1), Marseille (1-1), Paris SG (0-0).
Battu par: Reims (1-0), Angers (2-0), Bordeaux (1-0), Montpellier (3-0).

LORIENT
À domicile
Bat: Angers (3-1), Caen (2-0), Bordeaux (3-2), Troyes (4-1), Reims (2-0).
Nul avec: Bastia (1-1), Rennes (1-1), Nice (0-0), Montpellier (1-1), Nantes (0-0), Toulouse (1-1), Marseille (1-1).

Battu par : Saint-Étienne (1-0), Paris SG (2-1), Monaco (2-0), Lyon (3-1), Lille (1-0).
À l'extérieur
Bat : Monaco (3-2), Toulouse (3-2), Troyes (1-0), Caen (2-1).
Nul avec : Lyon (0-0), Marseille (1-1), Guingamp (2-2), Ajaccio (1-1), Rennes (2-2), Bastia (0-0).
Battu par : Reims (4-1), Montpellier (2-1), Lille (3-0), Nice (2-1), Paris SG (3-1), Nantes (2-1), Lorient (4-3), Angers (5-1), Saint-Étienne (2-0).

LYON
À domicile
Bat : Bastia (2-0), Reims (1-0), Toulouse (3-0), Saint-Étienne (3-0), Troyes (4-1), Bordeaux (3-0), Caen (4-1), Paris SG (2-1), Guingamp (5-1), Nantes (2-0), Ajaccio (2-1).
Nul avec : Lorient (0-0), Lille (0-0), Nice (1-1), Marseille (1-1).
Battu par : Rennes (2-1), Montpellier (4-2), Angers (2-0).
À l'extérieur
Bat : Guingamp (1-0), Caen (4-0), Troyes (1-0), Angers (3-0), Lorient (3-1), Montpellier (2-0), Toulouse (3-2).
Nul avec : Marseille (1-1), Monaco (1-1), Nantes (0-0), Rennes (2-2).
Battu par : Bordeaux (3-1), Nice (3-0), Paris SG (5-1), Ajaccio (2-1), Saint-Étienne (1-0), Bastia (1-0), Lille (1-0).

MARSEILLE
À domicile
Bat : Troyes (6-0), Bastia (4-1).
Nul avec : Lyon (1-1), Lorient (1-1), Monaco (3-3), Montpellier (2-2), Ajaccio (1-1), Guingamp (0-0), Lille (1-1), Saint-Étienne (1-1), Toulouse (1-1), Bordeaux (0-0), Nantes (1-1).
Battu par : Caen (1-0), Angers (2-1), Nice (1-0), Paris SG (2-1), Rennes (5-2).
À l'extérieur
Bat : Lille (2-1), Saint-Étienne (2-0), Rennes (1-0), Caen (3-1), Montpellier (1-0), Angers (1-0).
Nul avec : Toulouse (1-1), Bordeaux (1-1), Lyon (1-1), Nice (1-1), Ajaccio (1-1), Lorient (1-1).
Battu par : Reims (1-0), Guingamp (2-0), Paris SG (2-1), Bastia (2-1), Monaco (2-1).

MONACO
À domicile
Bat : Angers (1-0), Nantes (1-0), Saint-Étienne (1-0), Toulouse (4-0), Marseille (2-1), Guingamp (3-2), Bastia (2-0), Nice (1-0), Troyes (3-1).
Nul avec : Lille (0-0), Rennes (1-1), Lyon (1-1), Caen (1-1), Ajaccio (2-2), Reims (2-2).
Battu par : Paris SG (3-0), Lorient (3-2), Bordeaux (2-1).
À l'extérieur
Bat : Nice (2-1), Montpellier (3-2), Ajaccio (1-0), Reims (1-0), Bastia (2-1), Lorient (2-0), Paris SG (2-0).
Nul avec : Toulouse (1-1), Guingamp (3-3), Marseille (3-3), Troyes (0-0), Saint-Étienne (1-1), Caen (2-2), Rennes (1-1).
Battu par : Bordeaux (3-1), Angers (3-0), Lille (4-1).

MONTPELLIER
À domicile
Bat : Lorient (2-1), Bastia (2-0), Nantes (2-1), Reims (3-1), Guingamp (2-1), Toulouse (2-0), Lille (3-0), Troyes (4-1).
Battu par : Angers (2-0), Paris SG (1-0), Saint-Étienne (2-1)Monaco (3-2), Ajaccio (2-0), Bordeaux (1-0), Caen (2-1), Marseille (1-0), Nice (2-0), Lyon (2-0).
À l'extérieur
Bat : Lyon (4-2), Ajaccio (4-0), Angers (3-2), Nantes (2-0), Reims (3-2).
Nul avec : Troyes (0-0), Bordeaux (0-0), Toulouse (1-1), Marseille (2-2), Lorient (1-1), Paris SG (0-0), Guingamp (2-2).
Battu par : Rennes (1-0), Caen (2-1), Lille (2-0), Nice (1-0), Bastia (1-0), Saint-Étienne (3-0).

NANTES
À domicile
Bat : Guingamp (1-0), Reims (1-0), Troyes (3-0), Saint-Étienne (2-1), Ajaccio (3-1), Lorient (2-1), Angers (2-0), Nice (1-0).
Nul avec : Bastia (0-0), Lyon (0-0), Toulouse (1-1), Bordeaux (2-2), Monaco (0-0).
Battu par : Rennes (2-0), Paris SG (4-1), Marseille (1-0), Lille (3-0), Montpellier (2-0).
À l'extérieur
Bat : Lille (1-0), Caen (2-0), Nice (2-1), Troyes (1-0).
Nul avec : Angers (0-0), Ajaccio (1-1), Lorient (0-0), Guingamp (2-2), Toulouse (0-0), Bastia (0-0), Marseille (1-1).
Battu par : Bordeaux (2-0), Saint-Étienne (2-0), Montpellier (2-1), Monaco (1-0), Rennes (4-1), Lyon (2-0), Reims (2-1).

NICE
À domicile
Bat : Caen (2-1), Bordeaux (6-1), Lyon (3-0), Montpellier (1-0), Angers (2-1), Lorient (2-1), Toulouse (1-0), Troyes (2-1), Ajaccio (3-0), Rennes (3-0).
Nul avec : Lille (0-0), Marseille (1-1).
Battu par : Monaco (2-1), Guingamp (1-0), Nantes (2-1), Paris SG (3-0), Bastia (2-0).
À l'extérieur
Bat : Bastia (3-1), Saint-Étienne (4-1), Rennes (4-1), Marseille (1-0), Montpellier (2-0).
Nul avec : Troyes (3-3), Angers (1-1), Lorient (0-0), Reims (1-1), Lille (1-1), Bordeaux (0-0), Lyon (1-1).
Battu par : Ajaccio (3-1), Toulouse (2-0), Caen (2-0), Monaco (1-0), Paris SG (4-1), Nice (2-0), Nantes (1-0).

PARIS SG
À domicile
Bat : Ajaccio (2-0), Guingamp (3-0), Marseille (2-1), Saint-Étienne (4-1), Toulouse (5-0), Troyes (4-1), Lyon (5-1), Bastia (2-0), Angers (5-1), Lorient (3-1), Reims (4-1), Nice (4-1), Caen (6-0), Rennes (4-0).
Nul avec : Bordeaux (2-2), Lille (0-0), Montpellier (0-0).
Battu par : Monaco (2-0).
À l'extérieur
Bat : Lille (1-0), Montpellier (1-0), Monaco (3-0), Nantes (4-1), Bastia (2-0), Rennes (1-0), Lorient (2-1), Nice (3-0), Caen (3-0), Toulouse (1-0), Saint-Étienne (2-0), Marseille (2-1), Troyes (9-0), Guingamp (2-0).
Nul avec : Reims (1-1), Angers (0-0).
Battu par : Lyon (2-1).

REIMS
À domicile
Bat : Marseille (1-0), Lorient (4-1), Lille (1-0), Angers (2-1), Bordeaux (4-1), Nantes (2-1).
Nul avec : Paris SG (1-1), Rennes (2-2), Troyes (1-1), Nice (1-1), Saint-Étienne (1-1).
Battu par : Caen (1-0), Monaco (1-0), Ajaccio (2-1), Toulouse (3-1), Bastia (1-0), Guingamp (1-0), Montpelier (3-2).
À l'extérieur
Bat : Bordeaux (2-1), Guingamp (2-1), Caen (2-0).
Nul avec : Toulouse (2-2), Angers (0-0), Ajaccio (2-2), Monaco (2-2).
Battu par : Nantes (1-0), Lyon (1-0), Saint-Étienne (3-0), Montpellier (3-1), Bastia (2-0), Lorient (2-0), Paris SG (4-1), Lille (2-0), Rennes (3-1), Troyes (2-1), Nice (2-0).

RENNES
À domicile
Bat : Montpellier (1-0), Toulouse (3-1), Ajaccio (1-0), Angers (1-0), Nantes (4-1), Reims (3-1).
Nul avec : Lille (1-1), Troyes (1-1), Bordeaux (2-2), Caen (1-1), Lorient (2-2), Lyon (2-2), Monaco (1-1).
Battu par : Nice (4-1), Paris SG (1-0), Marseille (1-0), Saint-Étienne (1-0), Guingamp (3-0).
À l'extérieur
Bat : Lyon (2-1), Nantes (2-0), Angers (2-0), Guingamp (2-0), Troyes (4-2), Toulouse (2-1), Marseille (5-2).
Nul avec : Ajaccio (1-1), Monaco (1-1), Lorient (1-1), Reims (2-2), Saint-Étienne (1-1), Lille (1-1).
Battu par : Bastia (2-1), Bordeaux (4-0), Caen (1-0), Nice (3-0), Paris SG (4-0).

SAINT-ÉTIENNE
À domicile
Bat : Bastia (2-1), Nantes (2-0), Ajaccio (2-0), Reims (3-0), Guingamp (3-0), Angers (1-0), Lyon (1-0), Montpellier (3-0), Troyes (1-0), Lorient (2-0).
Nul avec : Bordeaux (1-1), Rennes (1-1), Monaco (1-1), Toulouse (0-0).
Battu par : Nice (4-1), Marseille (2-0), Paris SG (2-0), Caen (2-1).
À l'extérieur
Bat : Lorient (1-0), Montpellier (2-1), Troyes (1-0), Rennes (1-0), Bordeaux (4-1), Ajaccio (2-0), Bastia (1-0).
Nul avec : Reims (1-1), Marseille (1-1), Angers (0-0).
Battu par : Toulouse (2-1), Caen (1-0), Paris SG (4-1), Lyon (3-0), Lille (1-0), Monaco (1-0), Nantes (2-1), Guingamp (2-0).

TOULOUSE
À domicile
Bat : Saint-Étienne (2-1), Nice (2-0), Bordeaux (4-0), Caen (2-0), Bastia (4-0).
Nul avec : Monaco (1-1), Reims (2-2), Marseille (1-1), Montpellier (1-1), Lille (1-1), Nantes (0-0), Ajaccio (1-1).
Battu par : Angers (3-2), Paris SG (1-0), Guingamp (2-1), Rennes (2-1), Lyon (3-2).
À l'extérieur
Bat : Troyes (3-0), Reims (3-1).
Nul avec : Bordeaux (1-1), Ajaccio (2-2), Nantes (1-1), Marseille (1-1), Lorient (1-1), Saint-Étienne (0-0).
Battu par : Caen (1-0), Rennes (3-1), Bastia (3-0), Lyon (3-0), Paris SG (5-0), Guingamp (2-0), Monaco (4-0), Nice (1-0), Montpellier (2-0), Lille (1-0).

TROYES
À domicile
Bat : Reims (2-1).
Nul avec : Ajaccio (0-0), Nice (3-3), Montpellier (0-0), Lille (1-1), Bastia (1-1), Monaco (0-0).
Battu par : Saint-Étienne (1-0), Guingamp (1-0), Caen (3-1), Lyon (1-0), Toulouse (3-0), Rennes (4-2), Nantes (1-0), Lorient (1-0), Paris SG (9-0), Angers (1-0), Bordeaux (4-2).
À l'extérieur
Bat : Lille (3-1), Ajaccio (3-2).
Nul avec : Rennes (1-1), Reims (1-1).
Battu par : Marseille (6-0), Angers (1-0), Nantes (3-0), Bordeaux (1-0), Lorient (4-1), Paris SG (4-1), Lyon (4-1), Guingamp (4-0), Bastia (2-0), Monaco (3-1), Nice (2-1), Caen (2-1), Saint-Étienne (1-0), Montpellier (4-1).

CHAMPIONNAT DE FRANCE DE LIGUE 2

CLASSEMENT FINAL	PTS	J.	G.	N.	P.	BP	BC	DIFF.
1. Nancy	74	38	21	11	6	60	32	+28
2. Dijon	70	38	20	10	8	62	36	+26
3. Metz	65	38	19	8	11	54	39	+15
4. Le Havre	65	38	19	8	11	52	37	+15
5. Red Star	64	38	18	10	10	43	38	+5
6. Lens	58	38	15	13	10	39	35	+4
7. Clermont Foot	58	38	16	10	12	56	53	+3
8. Auxerre	55	38	15	10	13	47	46	+1
9. Tours FC	47	38	11	14	13	36	41	-5
10. Brest	47	38	12	11	15	34	41	-7
11. Bourg-en-Bresse	47	38	13	8	17	47	59	-12
12. Valenciennes	44	38	10	14	14	39	43	-4
13. Laval	44	38	9	17	12	35	42	-7
14. Nîmes	43	38	13	12	13	50	52	-2
15. Sochaux	42	38	9	15	14	34	36	-2
16. Niort	42	38	8	18	12	38	45	-7
17. AC Ajaccio	42	38	9	15	14	34	42	-8
18. Évian-TG	39	38	9	12	17	41	41	0
19. Créteil-Lusitanos	34	38	8	10	20	42	66	-24
20. Paris FC	30	38	4	18	16	32	51	-19

Nancy, Dijon et Metz en Ligue 1.
Évian TG, Créteil et Paris FC relégués en National.

CHAMPIONNAT NATIONAL

Classement final: 1. Strasbourg 58 pts, 2. Orléans 56 pts, 3. Amiens 55 pts, 4. Marseille Consolat 54 pts, 5. Châteauroux 52 pts, 6. Dunkerque 47 pts, 7. Avranches 46 pts, 8. Boulogne 46 pts, 9. Chambly 44 pts, 10. Béziers 44 pts, 11. Luçon 44 pts, 12. Sedan 43 pts, 13. CA Bastia 43 pts, 14. Belfort 41 pts, 15. Les Herbiers 39 pts, 16. Colmar 37 pts, 17. Épinal 30 pts, 18. Fréjus-Saint-Raphaël 27 pts

COUPE DE LA LIGUE

Premier tour
AC Ajaccio bat Lens 0-0 a.p. (4 t.a.b. à 2)
Laval bat Nîmes 1-0
Auxerre bat Red Star 1-0
Nancy bat Châteauroux 2-1
Metz bat Paris FC 2-1 a.p.
Clermont bat Valenciennes 3-1
Sochaux bat Niort 3-2
CA Bastia bat Le Havre 2-1
Tours bat Orléans 2-1
Dijon bat Créteil-Lusitanos 3-3 a.p. (4 t.a.b. à 3)
Bourg-en-Bresse bat Brest 2-2 a.p. (5 t.a.b. à 3)

Deuxième tour
Évian Thonon Gaillard bat Clermont 3-2
Dijon bat Metz 2-0
Tours bat Sochaux 2-0
Auxerre bat CA Bastia 1-1 a.p. (3 t.a.b. à 0)
Laval bat AC Ajaccio 2-1 a.p.
Bourg-en-Bresse bat Nancy 0-0 (5 t.a.b. à 4)

16es de finale
Labval bat Évian Thonon Gaillard 2-2 a.p. (5 t.a.b. à 4)
Tours bat Angers 1-0
Rennes bat SC Bastia 1-0
Dijon bat Reims 2-1
Bourg-en-Bresse bat Nantes 3-2 a.p.
Nice bat Caen
Lorient bat Montpellier 3-2
Lille bat Troyes 2-1
Toulouse bat Auxerre 3-3 a.p. (2 t.a.b. à 1)
Guingamp bat GFC Ajaccio 1-0 a.p.

8es de finale
Lille bat Laval 1-0
Lorient bat Dijon 3-0
Guingamp bat Nice 2-2 a.p. (4 t.a.b. à 3)
Toulouse bat Rennes 3-1
Bordeaux bat Monaco 3-0
Marseille bat Bourg-en-Bresse 3-2
Lyon bat Tours 2-1
Paris SG bat Saint-Étienne 1-0

Quarts de finale
Bordeaux bat Lorient 2-0
Toulouse bat Marseille 2-1 a.p.
Lille bat Guingamp 0-0 a.p. (5 t.a.b. à 2)
Paris SG bat Lyon 2-1

Demi-finales
Lille bat Bordeaux 5-1
Paris SG bat Toulouse 2-0

Finale
Le 23 avril, au Stade de France
Paris SG bat Lille 2-1 (1-0)
Spectateurs: 70000
Arbitre: M. Buquet
Buts: Pastore (40), Di Maria (75) pour Paris SG, Sidibé (49) pour Lille.
Exclusion: Rabiot (70) pour Paris SG.
Les équipes
Paris SG: Sirigu – Aurier, Thiago Silva, Marquinhos, Kurzawa – Pastore puis David Luiz (78), Rabiot, Matuidi – Di Maria puis Cavani (90), Ibrahimovic, Lucas puis Verratti (74)
Lille: Enyeama – Corchia, Soumaoro, Basa, Sidibé – Mavuba puis Lopes (76), Amadou, Obbadi – Amalfitano, Eder, Boufal.

COUPE DE FRANCE

32es de finale
Gazélec Ajaccio bat US Sainte-Marienne 2-0
Saint-Malo bat Avranches a.p. (3 t.a.b. à 1)
Nantes bat Blanc-Mesnil 2-0
US Concarneau bat TA Rennes 3-0
US Sarre-Union bat FC Villefranche 2-1
Chambly bat Reims 4-1
Toulouse bat Entente Sannois Saint-Gratien 5-0
Troyes bat Dunkerque 4-3 a.p.
Angers bat Racing Besançon 3-1
Sochaux bat AS Pagny-sur-Moselle 2-0
Mantes bat Saint-Brieuc 2-0
US Granville bat Laval 2-1
Niort bat AS Moulins 2-1
Mont-de-Marsan bat Toulouse Rodeo 1-0
Bastia bat Sedan 2-0
Montpellier bat RC Épernay 1-0
Saint-Étienne bat Raon-l'Étape 1-1 a.p. (4 t.a.b. à 3)
Bordeaux bat Fréjus-Saint-Raphaël 3-2
Lorient bat Tours 3-2 a.p.
Lyon bat Limoges 7-0
Paris SG bat Wasquehal 1-0
Sarreguemines bat Valenciennes 1-0
FC Trélissac bat AS Muret 2-0
Évian Thonon Gaillard bat Annecy 4-1 a.p.
AC Ajaccio bat Volvic 1-0
Bourg-en-Bresse bat FC Mulhouse 3-1
Guingamp bat US Chantilly 4-0
Lille bat AC Amiens 1-0
Boulogne-sur-Mer bat US Saint-Omer 2-2 a.p. (3 t.a.b. à 2)
Monaco bat JS Saint-Jean Beaulieu 10-2
Marseille bat Caen 0-0 a.p. (3 t.a.b. à 1)
Rennes bat Nice 2-2 a.p. (7 t.a.b. à 6)

16es de finale
Saint-Malo bat Mont-de-Marsan 1-0
Bourg-en-Bresse bat Rennes 3-1
Gazélec Ajaccio bat Guingamp 3-0
Bordeaux bat Angers 2-1
Sarre-Union bat Niort 1-0
Sochaux bat Bastia 2-1
Paris SG bat Toulouse 2-1
Monaco bat Évian Thonon Gaillard 3-1 a.p.
Trélissac bat Lille 1-1 a.p. (4 t.a.b. à 2)
Nantes bat Mantes 1-0 a.p.
Lyon bat Chambly 2-0
Troyes bat Concarneau 3-1
Lorient bat Boulogne-sur-Mer 3-1
Marseille bat Montpellier 2-0
Saint-Étienne bat AC Ajaccio 2-1 a.p.
Granville bat Sarreguemines 3-1

8es de finale
Sochaux bat Monaco 2-1
Gazélec Ajaccio bat Saint-Malo 2-1
Granville bat Bourg-Péronnas 1-0 a.p.
Paris SG bat Lyon 3-0
Saint-Étienne bat Troyes 2-1 a.p.
Nantes bat Bordeaux 4-3 a.p.
Lorient bat Sarre-Union 4-0
Marseille bat Trélissac 2-0

Quarts de finale
Lorient bat Gazélec Ajaccio 3-0
Sochaux bat Nantes 3-2 a.p.
Paris SG bat Saint-Étienne 3-1
Marseille bat Granville 1-0

Demi-finales
Paris SG bat Lorient 1-0
Marseille bat Sochaux 1-0

Finale
Le 21 mai, au Stade de France
Paris SG bat Marseille 4-2 (1-1)
Spectateurs: 78000
Arbitre: M. Turpin.
Buts: Matuidi (2), Ibrahimovic (47 s.p., 82), Cavani (57) pour Paris SG, Thauvin (12), Batshuayi (87) pour Marseille.
Les équipes
Paris SG: Sirigu – Aurier, Marquinhos, Thiago Silva (cap.), Maxwell – Rabiot, Stambouli puis David Luiz (75), Matuidi – Di Maria, Ibrahimovic puis Kurzawa (89), Cavani puis Lucas (75).
Marseille: Mandanda (cap.) – Manquillo, Nkoulou, Rekik, Mendy – Thauvin puis Nkoudou (80), Isla, Diarra, Barrada puis Dja Djédjé (70) – Fletcher puis Cabella (60), Batshuayi.

LIGUE DES CHAMPIONS

1er tour préliminaire
Lincoln Red Imps FC – FC Santa Coloma 0-0 et 2-1
FC Crusaders – Levadia Tallinn 0-0 et 1-1
Pyunik Eriwan – SS Folgore 2-1 et 2-1
The New Saints – B36 Torshavn 2-1 et 4-1

2e tour préliminaire
Partisan Belgrade – Dila Gori 1-0 et 2-0
Molde – Pyunik Erevan 0-1 et 5-0
Milsami Orhei – Ludogorets Razgrad 1-0 et 2-1
HJK Helsinki – FK Ventspils 3-1 et 1-0
Maccabi Tel-Aviv – Hibernians 1-2 et 5-1
Vardar Skoplje – APOEL Nicosie 0-0 et 1-1
Midtjylland – Lincoln FC 1-0 et 2-0
Malmö FF – Zalgiris Vilnius 0-0 et 1-0
KF Skënderbeu – Crusaders 4-1 et 2-3
Astana – NK Maribor 3-1 et 0-1
Dinamo Zagreb – Fola Esch 3-0 et 1-1
Steaua Bucarest – Trencin 2-3 et 2-0
BATE Borisov – Dundalk 0-0 et 2-1
Qarabag – Rudar Pljevlja 1-0 et 0-0
Lech Poznan – FK Sarajevo 1-0 et 2-0
Celtic Glasgow – Stjarnan 4-1 et 2-0
Videoton – The New Saints 1-0 et 1-1 a.p.

3e tour préliminaire
Dinamo Zagreb – Molde 1-1 et 3-3
Apoel Nicosie – Midtjylland 2-1 et 0-1
Rapid Vienne – Ajax Amsterdam 2-2 et 3-2
AS Monaco – Young Boys Berne 3-1 et 4-0
Astana – HJK Helsinki 0-0 et 4-3
Celtic Glasgow – Qarabag 1-0 et 0-0
CSKA Moscou – Sparta Prague 2-2 et 3-2
BATE Borisov – Videoton 1-1 et 1-0
FC Bâle – Lech Poznan 3-1 et 1-0
Partizan Belgrade – Steaua Bucarest 1-1 et 4-2
Malmö – Salzbourg 0-2 et 3-0
FC Bruges – Panathinaïkos 1-2 et 3-0
Maccabi Tel-Aviv – Viktoria Plzen 1-2 et 2-0
Shakhtar Donetsk – Fenerbahçe 0-0 et 3-0
Skenderbeu – Milsami 2-0 et 2-0

Barrages
CF Valence – **AS Monaco** 3-1 et 1-2
Shakhtar Donetsk – Rapid Vienne 1-0 et 2-2
Malmö – Celtic Glasgow 2-3 et 2-0
Maccabi Tel-Aviv – FC Bâle 2-2 et 1-1
Dinamo Zagreb – KS Skënderbeu 2-1 et 4-1
Manchester United – FC Bruges 3-1 et 4-0
Bayer Leverkusen – Lazio Rome 0-1 et 3-0
CSKA Moscou – Sporting Portugal 1-2 et 3-1
BATE Borisov – Partizan Belgrade 1-0 et 1-2
Astana – Apoel FC 1-0 et 1-1

PHASE DE GROUPES
GROUPE A
Paris SG – Malmö 2-0
Real Madrid – Shakhtar Donetsk 4-0
Shakhtar Donetsk – **Paris SG** 0-3
Malmö – Real Madrid 0-2
Paris SG – Real Madrid 0-0
Malmö – Shakhtar Donetsk 1-0
Real Madrid – **Paris SG** 1-0
Shakhtar Donetsk – Malmö 4-0
Malmö – **Paris SG** 0-5
Shakhtar Donetsk – Real Madrid 3-4
Real Madrid – Malmö 8-0
Paris SG – Shakhtar Donetsk 2-0

Classement final	Pts	J	G	N	P	Bp	Bc	Diff.
1. Real Madrid	16	6	5	1	0	19	3	+16
2. Paris SG	13	6	4	1	1	12	1	+11
3. Shakhtar Donetsk	3	6	1	0	5	7	14	-7
4. Malmö	3	6	1	0	5	1	21	-20

> Le 15 septembre, au Parc des Princes
Paris SG bat Malmö FF 2-0 (1-0)
Spectateurs: 46612
Arbitre: S. Karasev (Russie).
Buts: Di Maria (4), Cavani (61).
Les équipes
Paris SG: Trapp – Van der Wiel, David Luiz, Thiago Silva, Maxwell – Verratti, Thiago Motta, Matuisi – Di Maria puis Lavezzi (84), Ibrahimovic puis Pastore (75), Cavani
Malmö: Wiland – Tinnerholm, Carvalho puis Rodic (46), Arnason, Bengtsson, Yotun – Adu puis Rakip (85), Lewicki, Berget – Djurdjic, Rosenberg.

> Le 30 septembre, à Lviv
Paris SG bat Shakhtar Donetsk 3-0 (2-0)
Spectateurs: 33000
Arbitre: D. Aytekin (Allemagne).
Buts: Aurier (6), David Luiz (23), Srna (90 c.s.c.).

Les équipes
Shakhtar Donetsk: Pyatov – Srna (cap.), Kucher, Rakitskiy, Shevchuk – Marlos puis Kovalenko (71), Fred, Teixeira, Malyshev, Taison puis Bernard (71) – Gladkyy puis Dentinho (85).
Paris SG: Trapp – Aurier, Thiago Silva (cap.), David Luiz, Maxwell – Verratti, Thiago Motta, Matuidi – Di Maria puis Pastore (82), Ibrahimovic puis Lavezzi (90+2), Cavani puis Lucas (80).

> Le 21 octobre, au Parc des Princes
Paris SG et Real Madrid 0-0
Spectateurs: 49000
Arbitre: N. Rizzoli (Italie).
Les équipes
Paris SG: Trapp – Aurier, Marquinhos, Thiago Silva (cap.), Maxwell – Verratti puis Lavezzi (80), Thiago Motta, Matuidi – Di Maria puis Lucas (66), Ibrahimovic, Cavani puis Pastore (66).
Real Madrid: Navas – Danilo, Ramos (cap.), Varane, Marcelo – Lucas, Casimiro, Isco puis Modric (69), Kroos, Rodriguez puis Cheryshev (73) – Cristiano Ronaldo.

> Le 3 novembre, à Madrid
Real Madrid bat Paris SG 1-0 (1-0)
Spectateurs: 85000
Arbitre: M. Clattenburg (Angleterre).
But: Nacho (35).
Les équipes
Real Madrid: Navas – Danilo, Varane, Sergio Ramos (cap.), Marcelo puis Nacho (33) – Modric, Casemiro, Kroos – Jesé puis Lucas Vazquez (63), C. Ronaldo, Isco puis (Kovacic (82).
Paris SG: Trapp – Aurier, David Luiz, Thiago Silva (cap.), Maxwell – Verratti puis Rabiot (17), Thiago Motta, Matuidi puis Lucas (75) – Di Maria, Ibrahimovic, Cavani.

Le 25 novembre, à Malmö
Paris SG bat Malmö 5-0 (2-0)
Spectateurs: 20500
Arbitre: M. Collum (Écosse).
Buts: Rabiot (3), Di Maria (14, 68), Ibrahimovic (50), Lucas (81).
Les équipes
Malmö: Willand – Konaté, Tinnerholm, Bengtsson, Brorsson – Lewicki, Adu puis Rakip (80), Rodic puis Eikrem (60), Berget – Djurdjic puis Kroon (70), Rosenberg (cap.).
Paris SG: Trapp – Maxwell, Thiago Silva, Marquinhos, Van Der Wiel – Thiago Motta puis Stambouli (70), Matuidi, Rabiot – Di Maria puis Lucas (69), Cavani, Ibrahimovic (cap.) puis Augustin (85).

Le 8 décembre, au Parc des Princes
Paris SG bat Shakhtar Donetsk 2-0 (0-0)
Spectateurs: 46000
Arbitre: A. Taylor (Angleterre).
Buts: Lucas (57), Ibrahimovic (86).
Les équipes
Paris SG: Trapp – Van der Wiel, Marquinhos, David Luiz, Kurzawa – Stambouli, Rabiot, Matuidi puis Di Maria (68) – Lucas puis Nkunku (87), Ibrahimovic (cap.), Lavezzi puis Cavani (69).
Shakhtar Donetsk: Kanibolotskiy – Srna (cap.), Kucher, Rakitskiy, Ismaily – Marlos puis Kovalenko (74), Fred, Teixeira, Stepanenko, Taison puis Bernard (69) – Eduardo puis Dentinho (78).

Groupe B
PSV Eindhoven – Manchester United 2-1
Wolfsburg – CSKA Moscou 1-0
Manchester – United-Wolfsburg 2-1
CSKA Moscou – PSV Eindhoven 3-2
CSKA Moscou – Manchester United 1-1
Wolfsburg – PSV Eindhoven 2-0
PSV Eindhoven – Wolfsburg 2-0
Manchester United – CSKA Moscou 1-0
CSKA Moscou – Wolfsburg 0-2
Manchester United – PSV Eindhoven 0-0
Wolfsburg – Manchester United 3-2
PSV Eindhoven – CSKA Moscou 2-1

Classement final	Pts	J	G	N	P	Bp	Bc	Diff.
1. Wolfsburg	12	6	4	0	2	9	6	+3
2. PSV Eindhoven	10	6	3	1	2	8	7	+1
3. Manchester Utd	8	6	2	2	2	7	7	0
4. CSKA Moscou	4	6	1	1	4	5	9	-4

Groupe C
Galatasaray – Atlético Madrid 0-2
Benfica – FC Astana 2-0
FC Astana – Galatasaray 2-2
Atlético Madrid – Benfica 1-2
Atlético Madrid – FC Astana 4-0
Galatasaray – Benfica 2-1
FC Astana – Atlético Madrid 0-0
Benfica – Galatasaray 2-1
FC Astana – Benfica 2-2
Atlético Madrid – Galatasaray 2-0
Benfica – Atlético Madrid 1-2
Galatasaray – FC Astana 1-1

Classement final	Pts	J	G	N	P	Bp	Bc	Diff.
1. Atlético Madrid	13	6	4	1	1	11	3	+8
2. Benfica	10	6	3	1	2	10	8	+2
3. Galatasaray	5	6	1	2	3	6	10	-4
4. FC Astana	4	6	0	4	2	5	11	-6

Groupe D
FC Séville – Mönchengladbach 3-0
Manchester City – Juventus 1-2
Juventus – FC Séville 2-0
Mönchengladbach – Manchester City 1-2
Juventus – Mönchengladbach 0-0
Manchester City – FC Séville 2-1
Mönchengladbach – Juventus 1-1
FC Séville – Manchester City 1-3
Mönchengladbach – FC Séville 4-2
Juventus – Manchester City 1-0
FC Séville – Juventus 1-0
Manchester City – Mönchengladbach 4-2

Classement final	Pts	J	G	N	P	Bp	Bc	Diff.
1. Manchester City	12	6	4	0	2	12	8	+4
2. Juventus Turin	11	6	3	2	1	6	3	+3
3. FC Séville	6	6	2	0	4	8	11	-3
4. Mönchengladbach	5	6	1	2	3	8	12	-4

Groupe E
AS Rome – FC Barcelone 1-1
Leverkusen – BATE Borisov 4-1
FC Barcelone – Leverkusen 2-1
BATE Borisov – AS Rome 3-2
BATE Borisov – FC Barcelone 0-2
Leverkusen – AS Rome 4-4
AS Rome – Leverkusen 3-2
FC Barcelone – BATE Borisov 3-0
BATE Borisov – Leverkusen 1-1
FC Barcelone – AS Rome 6-1
Leverkusen – FC Barcelone 1-1
AS Rome – BATE Borisov 0-0

Classement final	Pts	J	G	N	P	Bp	Bc	Diff.
1. FC Barcelone	14	6	4	2	0	15	4	+11
2. AS Rome	6	6	1	3	2	11	16	-5
3. Leverkusen	6	6	1	3	2	13	12	+1
4. BATE Borisov	5	6	1	2	3	5	12	-7

Groupe F
Olympiakos – Bayern Munich 0-3
Dinamo Zagreb – Arsenal 2-1
Bayern Munich – Dinamo Zagreb 5-0
Arsenal – Olympiakos 3-2
Arsenal – Bayern Munich 2-0
Dinamo Zagreb – Olympiakos 0-1
Bayern Munich – Arsenal 5-1
Olympiakos – Dinamo Zagreb 2-1
Arsenal – Dinamo Zagreb 3-0
Bayern Munich – Olympiakos 4-0
Dinamo Zagreb – Bayern Munich 0-2
Olympiakos – Arsenal 0-3

Classement final	Pts	J	G	N	P	Bp	Bc	Diff.
1. Bayern Munich	15	6	5	0	1	19	3	+16
2. Arsenal	9	6	3	0	3	12	10	+2
3. Olympiakos	9	6	3	0	3	6	13	-7
4. Dinamo Zagreb	3	6	1	0	5	3	14	-11

Groupe G
Dynamo Kiev – FC Porto 2-2
Chelsea – Maccabi Tel-Aviv 4-0
FC Porto – Chelsea 2-1
Maccabi Tel-Aviv – Dynamo Kiev 0-2
Dynamo Kiev – Chelsea 0-0
FC Porto – Maccabi Tel-Aviv 2-0
Chelsea – Dynamo Kiev 2-1
Maccabi Tel-Aviv – FC Porto 1-3
Maccabi Tel-Aviv – Chelsea 0-4
FC Porto – Dynamo Kiev 0-2
Chelsea – FC Porto 2-0
Dynamo Kiev – Maccabi Tel-Aviv 1-0

Classement final	Pts	J	G	N	P	Bp	Bc	Diff.
1. Chelsea	13	6	4	1	1	13	3	+10
2. Dynamo Kiev	11	6	3	2	1	8	4	+4
3. FC Porto	10	6	3	1	2	9	8	+1
4. Maccabi Tel-Aviv	0	6	0	0	6	1	16	-15

Groupe H
La Gantoise – **Lyon** 1-1
FC Valence – Zenit Saint-Pétersbourg 2-3
Lyon – FC Valence 0-1
Zenit Saint-Pétersbourg – La Gantoise 2-1
Zenit Saint-Pétersbourg – **Lyon** 3-1
FC Valence – La Gantoise 2-1
La Gantoise – FC Valence 1-0
Lyon – Zenit Saint-Pétersbourg 0-2
Zenit Saint-Pétersbourg – FC Valence 2-0
Lyon – La Gantoise 1-2
FC Valence – **Lyon** 0-2
La Gantoise – Zenit Saint-Pétersbourg 2-1

Classement final	Pts	J	G	N	P	Bp	Bc	Diff.
1. Zenit St-Pétersbourg	15	6	5	0	1	13	6	+7
2. La Gantoise	10	6	3	1	2	8	7	+1
3. FC Valence	6	6	2	0	4	5	9	-4
4. Lyon	4	6	1	1	4	5	9	-4

Les deux premiers de chaque groupe qualifiés pour les huitièmes de finale, le troisième reversé en Europa League.

Le 16 septembre, à Gand (Belgique)
La Gantoise et Lyon 1-1 (0-0)
Spectateurs: 19601
Arbitre: M. Collum (Écosse).
Buts: Milisevic (68) pour La Gantoise, Jallet (58) pour Lyon.
Exclusions: Dejaegere (40), Foket (87) pour La Gantoise.
Les équipes
La Gantoise: Sels – Nielsen, Mitrovic, Asare – Kums, Neto – Foket, Milisevic puis Matton (82), Dejaegere – Depoitre, Simon puis Raman (69) puis Rafinha (90).
Lyon: Lopes – Rafael puis Jallet (46), Yanga-Mbiwa, Umtiti, Morel – Ferri puis Malbranque (81), Gonalons, Tolisso – Valbuena – Lacazette, Beauvue puis Kalulu (69).

Le 29 septembre, à Lyon
Valence CF bat Lyon 1-0 (1-0)
Spectateurs: 33533
Arbitre: M. Mazic (Serbie).
But: Feghouli (42).
Les équipes
Lyon: A. Lopes – Jallet, Bisevac, Umtiti, J. Morel puis Ghezzal (78) – Darder puis Ferri (43), Gonalons (cap.), Valbuena – Tolisso – Lacazette puis Beauvue (74), Kalulu.
Valence: Jaume – Cancelo, Mustafi, Abdennour puis Santos (59), Orban – Parejo (cap.), Javi Fuego, Pérez puis Danilo (84) – Feghouli, Negredo puis Rodrigo (71), Piatti.

Le 20 octobre, à Saint-Pétersbourg
Zenit Saint-Pétersbourg bat Lyon 3-1 (1-0)
Spectateurs: 17500
Arbitre: M. Atkinson (Angleterre).
Buts: Dzyuba (3), Hulk (56), Danny (82) pour Zenit Saint-Pétersbourg, Lacazette (49) pour Lyon.
Les équipes
Zenit Saint-Pétersbourg: Kerzhakov – Anioukov, Lombaerts, Garay, Criscito – Witsel, Javi Garcia puis Neto (83), Danny puis Ryazantsev (89) – Hulk, Dzyuba puis Yusupov (75), Shatov.
Lyon: Lopes – Jallet, Yanga-Mbiwa, Umtiti, Morel – Ferri puis Ghezzal (71), Gonalons, Tolisso – Rafael puis Cornet (82), Lacazette puis Beauvue (80), Valbuena.

Le 4 novembre, à Lyon
Zenit Saint-Pétersbourg bat Lyon 2-0 (1-0)
Spectateurs: 30173
Arbitre: M. Brych (Allemagne).
Buts: Dzyuba (25, 57).
Exclusions: Gonalons (72) pour Lyon, Anyukov (89) pour Zenit Saint-Pétersbourg.
Les équipes
Lyon: Lopes – Jallet puis Rafael (61), Yanga-Mbiwa, Umtiti, Bedimo – Darder puis Ferri (77), Gonalons (cap.), Tolisso – Valbuena – Beauvue puis Cornet (69), Lacazette.
Zenit Saint-Pétersbourg: Lodygin – Anyukov, Lombaerts, Neto, Criscito puis Smolnikov (73) –Javi Garcia puis Yusupov (80), Danny (cap.), Witsel – Hulk, Dzyuba puis Ryazantsev (83), Shatov.

Le 24 novembre, à Lyon
La Gantoise bat Lyon 2-1 (1-1)
Spectateurs: 30206

Arbitre : M. Karasev (Russie).
Buts : Ferri (7) pour Lyon, Milisevic (32), Coulibaly (90+5) pour La Gantoise.
Les équipes
Lyon : Lopes – Rafael, Bisevac, Mapou, Bedimo – Tolisso, Ferri puis Cornet (85), Malbranque puis Darder (64) – Ghezzal puis Beauvue (74), Valbuena, Lacazette.
La Gantoise : Sels – Mitrovic, Asare, Nielsen, Neto, Kums, Saief puis Raman (67), Dejaeghere puis Rafinha (82), Foket, Milicevic, Depoitre puis Coulibaly (90).

Le 9 décembre, à Valence
Lyon bat Valence 2-0 (1-0)
Spectateurs : 33000
Arbitre : M. Jug (Slovénie).
Buts : Cornet (37), Lacazette (76).
Les équipes
Valence : Domenech – Cancelo, Mustafi, Abdennour, Gaya – Enzo Perez puis Javi Fuego (24), Parejo (cap.), Danilo puis Negredo (52) – Santi Mina, Alcacer, De Paul puis Piatti (75).
Lyon : Lopes – Rafael, Yanga-Mbiwa, Morel, Bedimo – Darder puis Beauvue (77), Gonalons (cap.), Tolisso – Cornet, Lacazette puis Koné (77), Grenier puis Ghezzal (68).

8es de finale
Wolfsburg – La Gantoise 3-2 et 1-0
Real Madrid – AS Rome 2-0 et 2-0
Benfica – Zenit Saint-Pétersbourg 1-0 et 2-1
Paris SG – Chelsea 2-1 et 2-1
Atlético Madrid – PSV Eindhoven 0-0 et 0-0 a.p. (8 tab à 7)
Manchester City – Dynamo Kiev 3-1 et 0-0
Bayern Munich – Juventus 2-2 et 4-2 a.p.
FC Barcelone – Arsenal 2-0 et 3-1

Le 16 février, au Parc des Princes
Paris SG bat Chelsea 2-1 (1-1)
Spectateurs : 45000
Arbitre : C. Velasco Carballo (Espagne).
Buts : Ibrahimovic (39), Cavani (78) pour Paris SG, Mikel (45+1) pour Chelsea.
Les équipes
Paris SG : Trapp – Marquinhos, Thiago Silva (cap.), David Luiz, Maxwell – Verratti puis Rabiot (81), Thiago Motta, Matuidi puis Pastore (81) – Di Maria, Ibrahimovic, Lucas puis Cavani (74).
Chelsea : Courtois – Azpilicueta, Cahill, Ivanovic (cap.), Baba – Pedro, Mikel, Willian, Fabregas, E. Hazard puis Oscar (71) – Costa.

Le 9 mars, à Londres
Paris SG bat Chelsea 2-1 (1-1)
Spectateurs : 41000
Arbitre : M. Brych (Allemagne).
Buts : Costa (27) pour Chelsea, Rabiot (16), Ibrahimovic (67) pour Paris SG.
Les équipes
Chelsea : Courtois – Azpilicueta, Cahill, Ivanovic (cap.), Kenedy, Pedro, Fabregas, Willian, Mikel, E. Hazard puis Oscar (77), Costa puis B. Traoré (60).
Paris SG : Trapp – Marquinhos, Thiago Silva (cap.), David Luiz, Maxwell, Rabiot, Thiago Motta, Matuidi puis Van der Wiel (87), Di Maria puis Cavani (82), Ibrahimovic, Lucas puis Pastore (77).

Quarts de finale
Manchester City – **Paris SG** 2-2 et 1-0
Real Madrid – Wolfsburg 0-2 et 3-0
Atlético Madrid – FC Barcelone 1-2 et 2-0
Bayern Munich – Benfica 2-1 et 2-0

Le 6 avril, au Parc des Princes
Paris SG et Manchester City 2-2 (1-1)
Spectateurs : 46000
Arbitre : M. Mazic (Serbie).
Buts : Ibrahimovic (41), Rabiot (59) pour Paris SG, De Bruyne (38), Fernandinho (72) pour Manchester City.
Les équipes
Paris SG : Trapp – Aurier puis Van der Wiel (78), Thiago Silva (cap.), David Luiz, Maxwell –Rabiot puis Lucas (78), Thiago Motta, Matuidi – Di Maria, Ibrahimovic, Cavani.
Manchester City : Hart (cap.) – Sagna, Otamendi, Mangala, Clichy – Navas, Fernandinho, De Bruyne puis Delph (77), Fernando, Silva puis Bony (88) – Agüero puis Kolarov (90+3).

Le 12 avril, à Manchester
Manchester City bat Paris SG 1- 0 (0-0)
Spectateurs : 54000
Arbitre : C. Velasco Carballo (Espagne).
But : De Bruyne (76).

Les équipes
Manchester City : Hart (cap.) – Sagna, Otamendi, Mangala, Clichy – Navas, Fernando, De Bruyne puis Yaya Touré (84), Fernandinho, Silva puis Delph (87) – Agüero puis Iheanacho (90+3).
Paris SG : Trapp – Aurier puis Pastore (61), Thiago Silva (cap), Marquinhos – Van der Wiel, Rabiot, Thiago Motta puis Lucas (44), Di Maria, Maxwell – Ibrahimovic, Cavani.

Demi-finales
Real Madrid – Manchester City 0-0 et 1-0
Atlético Madrid – Bayern Munich 1-0 et 1-2

Finale
Le 28 mai, à Milan
Real Madrid bat Atlético Madrid 1 à 1 a.p. (1-0, 1-1, 1-1) 5 tirs au but à 3
Spectateurs : 75000
Arbitre : M. Clattenburg (Angleterre).
Buts : Ramos (15) pour Real Madrid, Carrasco (79) pour Atlético Madrid.
Tirs au but réussis : Lucas, Marcelo, Bale, Ramos, Cristiano Ronaldo pour Real Madrid, Griezmann, Gabi, Níguez pour Atlético Madrid.
Les équipes
Real Madrid : Navas – Carvajal puis Danilo (52), Pepe, Ramos (cap.), Marcelo – Modric, Casimiro, Kroos puis Isco (72) – Bale, Benzema puis Lucas (77), Cristiano Ronaldo.
Atlético Madrid : Oblak – Juanfran, Savic, Godin, Filipe Luis puis Hernández (109) – Níguez, Gabi (cap.), A. Fernandez puis Ferreira – Carrasco (46), Koke puis Pa rtey (116) – Torres, Griezmann.

EUROPA LEAGUE

1er tour préliminaire
Shamrock – Progrès 0-0 et 3-0
Zeljeznicar – Balzan 2-0 et 1-0
Dacia – Renova 1-0 et 4-1
Lindfield – Runavik 2-0 et 3-4
Zagora – Klaipeda 2-0 et 3-1
Jurmala – Bud Podgorica 3-1 et 0-0
Solligorsk – Glenavon 2-1 et 3-0
KR Reykjavik – Cork 1-1 et 2-1
UC Dublin 1-0 et 1-2
Odd – Sheriff 3-0 et 0-0
Qabala – Tbilissi 1-2 et 2-0
Differdange – Bala Town 3-1 et 1-2
Bröndby 9-0 et 2-0
Debrecen – Sutjeska 3-0 et 0-2
Almaty – ER Belgrade 2-0 et 2-1
Kalju – Aktobe 1-0 et 0-0
Ferencvaros – Eagles 1-1 et 4-1
Cukaricki – Domzale 1-0 et 0-0
Kukes – Zhodino 2-0 et 0-0
Koper – VIK Reykjavik 1-0 et 2-0
Aberdeen – Shkendija 1-1 et 0-0
Vojvodina – MTK Budapest 0-0 et 3-1
Jérusalem – Ordabasy 0-0 et 2-1
Rabotnicki – Tallinn 0-1 et 2-0
Omonia – Batumi 0-1 et 2-0
Trakai – Torshavn 3-0 et 4-1
Zilina – Glentoran 4-1 et 3-0
Saint-Johnstone – Alashkaert 0-1 et 2-1
Trnava – Sarajevo 1-1 et 0-0
Rosenborg – Vikingur 2-0 et 0-0
Skonto – Saint-Patrick's 2-1 et 2-0
Newton – La Valette 2-1 et 2-1
Randers – Sant Julia 1-0 et 3-0
Jagellionia – Kruoja 1-0 et 8-0
Baki – Laç 1-1 et 0-0
Stromsgodset – Partizan 3-1 et 1-0
Jelgava – Lovech 1-1 et 2-2
West Ham – Lusitans 3-0 et 1-0
Hafnarfjordur – Seinajoki 1-0 et 1-0
Elfsborg – Lahti 2-2 et 5-0
Split – Kalev 1-1 et 6-2
Limassol – Saxan 2-0 et 2-0
Shirak – Zrinsjki 2-0 et 1-2
Solna – Vaasa 2-2 et 4-0
Mla Podgorica – Nefçi 2-2 et 1-1
Wroclaw – Celje 1-0 et 3-1
Vaduz – La Fiorita 5-0 et 5-0
Birkirkara – Ulisses 0-0 et 3-1
Lok Zagreb – Broughton 3-1 et 2-2
Botosani – Tskhinvali 1-1 et 3-1
Bratislava – Europa 6-0 et 3-0

2e tour préliminaire
Dinamo Minsk – Cherno More 1-1 et 4-0
Thoune – Beer Sheva 1-1 et 2-1
Astra – Inverness 1-0 et 0-0
Wolfsberger – Solligrosk1-0 et 2-0
Charleroi – Jérusalem 5-1 et 4-1
Elfsborg – Randers 0-0 et 1-0 a.p.
Stromsgodset – Boleslav 2-1 et 0-1
Aberdeen – Rijeka 3-0 et 2-0
West Ham – Birkirkara 1-0 et 0-1 (5 tab à 3)
Apollon Limassol – Trakai 4-0 et 0-0
Hadjuk Split – KR Reykjavik 2-3 et 4-1
Baki – Hafnarfjordur 2-1 et 2-2
Copenhague – Newton 2-0 et 3-1
Göteborg – Wroclaw 0-0 et 2-0
Debrecen – Skonto 2-2 et 9-2
Kukesi – Mla Podgorica 0-1 et 4-2
Brondby – Zagora 1-0 et 0-0
Odd – Rovers 2-0 et 2-1
PAOK Salonique – Lok Zagreb 1-2 et 6-0
Bratislava – UC Dublin 1-0 et 5-1
Solna – Shirak 2-0 et 2-0
Almaty – Alashkert 3-0 et 1-2
Zeljeznicar – Ferencvaros 1-0 et 2-0
Vojvodina – Jurmala 3-0 et 1-1
Vaduz – Kalju 3-1 et 2-0
Zilina – Dacia 2-1 et 4-2
Qabala – Cukaricki 0-1 et 2-0
Omonia – Jagellionia 0-0 et 1-0
Rosenborg – KR Reykjavik 1-0 et 3-0
Rabotnicki – Jelgava 0-1 et 2-0
Legia Varsovie – Botosani 1-0 et 3-0
Trnava – Linfield 2-1 et 3-1
Trabzonspor – Differdange 1-0 et 2-1

3e tour préliminaire
Rubin Kazan – Sturm Graz 3-2 et 1-1
Qabala FK – Apollon Limassol 1-1 et 1-0
Athletic Bilbao – Inter Bakou 2-0 et 0-0
Brondby – Omonoia Nicosie 0-0 et 2-2
Zilina – Vorskla Poltava 2-0 et 1-3 a.p.
AZ Alkmaar – Buyuksehir 2-0 et 2-1
Rosenborg – Debrecen VSC 3-2 et 3-1
Belenses – IFK Göteborg 2-1 et 0-0
ODD Grenland – IF Elfsborg 1-2 et 2-0
Slovan Liberec – Hapoël Ironi 2-1 et 3-0
Rabotnicki Skopje – Trabzonspor 1-0 et 1-1 a.p.
Hajduk Split – Stromsgodset 2-0 et 2-0
Dynamo Minsk – Zurich 1-0 et 1-1 a.p.
Bordeaux – AEK Larnaca 3-0 et 1-0(
Thoune-FC Vaduz 0-0 et 2-2
Jablonec – FC Copenhague 0-1 et 3-2
Saint-Étienne – Targu Mures 3-0 et 1-2
Zarya Louhansk – Charleroi 2-0 et 3-0
Southampton – Vitesse Arnhem 3-0 et 2-0
Atromitos – Solna 3 1 et 1-0
Standard Liège – Zeljeznicar Sarajevo 2-1 et 1-0
FC Astra – West Ham 2-2 et 2-1
PAOK Salonique – Spartak Trnava 1-0 et 1-1
FK Krasnodar – Slovan Bratislava 2-0 et 3-3
Dortmund – Wolfsberg 1-0 et 5-0
Kairat Almaty – Aberdeen 2-1 et 1-1
FK Vojvodina – Sampdoria Gênes 4-0 et 0-2
Legia Varsovie – Kukësi 2-1 et 1-0

Barrages
Bordeaux – Kairat 1-0 et 1-2
Ajax Amsterdam – Jablonec 1-0 et 0-0
Qarabag – Young Boys Berne 1-0 et 3-0
Rubin Kazan – Rabotnicki 1-1 et 1-0
Lech Poznan – Videoton 3-0 et 1-0
Krasnodar – HJK Jelsinki 5-1 et 0-0
Sparta Prague – FC Thoune 3-1 et 3-3
Saint-Étienne – Milsami 1-1 et 1-0
PAOK Salonique – Bröndby 1-1 et 5-0
AZ Alkmaar – Astra 2-3 et 2-0
Rosenborg – Steaua Bucarest 3-0 et 0-1
Fenerbahçe – Atromitos 1-0 et 3-0
Liberec – Hajduk Split 1-0 et 1-0
Qabala FK – Panathinaïkos 0-0 et 2-2
Dortmund – Odd 7-2 et 4-3
Mölde – Standard de Liège 2-0 et -3
Plzen – Vojvodina 3-0 et 2-0
Midtjylland – Southampton 1-1 et 1-0
Athletic Bilbao – Zilina 2-3 et 1-0
Legia Varsovie – Zorya 1-0 et 3-2
Dinamo Minsk – Salzbourg 2-0 et 0-2 (2 tab à 3)
Belenenses – Altach1-0 et 0-0

PHASE DE GROUPES

GROUPE A

Ajax Amsterdam – Celtic Glasgow 2-2
Fenerbahçe – Molde FK 1-3
Molde FK – Ajax Amsterdam 1-1
Celtic Glasgow – Fenerbahçe 2-2
Molde FK – Celtic Glasgow 3-1
Fenerbahçe – Ajax Amsterdam 1-0
Ajax Amsterdam – Fenerbahçe 0-0
Celtic Glasgow – Molde FK 1-2
Celtic Glasgow – Ajax Amsterdam 1-2
Molde FK – Fenerbahçe 0-2
Fenerbahçe – Celtic Glasgow 1-1
Ajax Amsterdam – 1Molde FK 1-1

Classement final	Pts	J	G	N	P	Bp	Bc	Diff
1. Molde FK	11	6	3	2	1	10	7	3
2. Fenerbahçe	9	6	2	3	1	7	6	1
3. Ajax Amsterdam	7	6	1	4	1	6	6	0
4. Celtic Glasgow	3	6	0	3	3	8	12	-4

GROUPE B

FC Sion – Rubin Kazan 2-1
Bordeaux – Liverpool 1-1
Rubin Kazan – **Bordeaux** 0-0
Liverpool – FC Sion 1-1
Bordeaux – FC Sion 0-1
Liverpool – Rubin Kazan 1-1
FC Sion – **Bordeaux** 1-1
Rubin Kazan – Liverpool 0-1
Rubin Kazan – FC Sion 2-0
Liverpool – **Bordeaux** 2-1
Bordeaux – Rubin Kazan 2-2
FC Sion – Liverpool 0-0

Classement final	Pts	J	G	N	P	Bp	Bc	Diff
1. Liverpool	10	6	2	4	0	6	4	2
2. FC Sion	9	6	2	3	1	5	5	0
3. Rubin Kazan	6	6	1	3	2	6	6	0
4. Bordeaux	4	6	0	4	2	5	7	-2

GROUPE C

FC Qabala – PAOK Salonique 0-0
Borussia Dortmund – FC Krasnodar 2-1
PAOK Salonique – Borussia Dortmund 1-1
FC Krasnodar – FC Qabala 2-1
FC Qabala – Borussia Dortmund 1-3
PAOK Salonique – FC Krasnodar 0-0
FC Krasnodar – PAOK Salonique 2-1
Borussia Dortmund – FC Qabala 4-0
FC Krasnodar – Borussia Dortmund 1-0
PAOK Salonique – FC Qabala 0-0
Borussia Dortmund – PAOK Salonique 0-1
FC Qabala – FC Krasnodar 0-3

Classement final	Pts	J	G	N	P	Bp	Bc	Diff
1. FC Krasnodar	13	6	4	1	1	9	4	5
2. B. Dortmund	10	6	3	1	2	10	5	5
3. PAOK Salonique	7	6	1	4	1	3	3	0
4. FC Qabala	2	6	0	2	4	2	12	-10

GROUPE D

Naples – FC Bruges 5-0
FC Midtjylland – Legia Varsovie 1-0
Legia Varsovie – Naples 0-2
FC Bruges – FC Midtjylland 1-3
Legia Varsovie – FC Bruges 1-1
FC Midtjylland – Naples 1-4
FC Bruges – Legia Varsovie 1-0
Naples – FC Midtjylland 5-0
FC Bruges – Naples 0-1
Legia Varsovie – FC Midtjylland 1-0
FC Midtjylland – FC Bruges 1-1
Naples – Legia Varsovie 5-2

Classement final	Pts	J	G	N	P	Bp	Bc	Diff
1. Naples	18	6	6	0	0	22	3	19
2. FC Midtjylland	7	6	2	1	3	6	12	-6
3. FC Bruges	5	6	1	2	3	4	11	-7
4. Legia Varsovie	4	6	1	1	4	4	10	-6

GROUPE E

Rapid Vienne – Villarreal 2-1
Viktoria Plzen – Dinamo Minsk 2-0
Dinamo Minsk – Rapid Vienne 0-1
Villarreal – Viktoria Plzen 1-0
Villarreal – Dinamo Minsk 4-0
Rapid Vienne – Viktoria Plzen 3-2
Dinamo Minsk – Villarreal 1-2
Viktoria Plzen – Rapid Vienne 1-2
Dinamo Minsk – Viktoria Plzen 1-0
Villarreal – Rapid Vienne 1-0
Viktoria Plzen – Villarreal 3-3
Rapid Vienne – Dinamo Minsk 2-1

Classement final	Pts	J	G	N	P	Bp	Bc	Diff
1. Rapid Vienne	15	6	5	0	1	10	6	4
2. Villarreal	13	6	4	1	1	12	6	6
3. Viktoria Plzen	4	6	1	1	4	8	10	-2
4. Dinamo Minsk	3	6	1	0	5	3	11	-8

GROUPE F

FC Groningue – **Marseille** 0-3
Slovan Liberec – Sporting Braga 0-1
Sporting Braga – FC Groningue 1-0
Marseille – Slovan Liberec 0-1
Sporting Braga – **Marseille** 3-2
Slovan Liberec – FC Groningue 1-1
Marseille – Sporting Braga 1-0
FC Groningue – Slovan Liberec 0-1
Marseille – FC Groningue 2-1
Sporting Braga – Slovan Liberec 2-1
Slovan Liberec – **Marseille** 2-4
FC Groningue – Sporting Braga 0-0

Classement final	Pts	J	G	N	P	Bp	Bc	Diff
1. Sporting Braga	13	6	4	1	1	7	4	3
2. Marseille	12	6	4	0	2	12	7	5
3. Slovan Liberec	7	6	2	1	3	6	8	-2
4. FC Groningue	2	6	0	2	4	2	8	-6

GROUPE G

Dnipro Dnipropetrovsk – Lazio Rome 1-1
Saint-Étienne – Rosenborg 2-2
Lazio Rome – **Saint-Étienne** 3-2
Rosenborg – Dnipro Dnipropetrovsk 0-1
Dnipro Dnipropetrovsk – **Saint-Étienne** 0-1
Lazio Rome – Rosenborg 3-1
Rosenborg – Lazio Rome 0-2
Saint-Étienne – Dnipro Dnipropetrovsk 3-0
Rosenborg – **Saint-Étienne** 1-1
Lazio Rome – Dnipro Dnipropetrovsk 3-1
Saint-Étienne – Lazio Rome 1-1
Dnipro Dnipropetrovsk-Rosenborg 3-0

Classement final	Pts	J	G	N	P	Bp	Bc	Diff
1. Lazio Rome	14	6	4	2	0	13	6	7
2. Saint-Étienne	9	6	2	3	1	10	7	3
3. Dnipropetrovsk	7	6	2	1	3	6	8	-2
4. Rosenborg	2	6	0	2	4	4	12	-8

GROUPE H

Sporting Portugal – Lokomotiv Moscou 1-3
Skënderbeu Korçë – Besiktas 0-1
Besiktas – Sporting Portugal 1-1
Lokomotiv Moscou – Skënderbeu Korçë 2-0
Lokomotiv Moscou – Besiktas 1-1
Sporting Portugal – Skënderbeu Korçë 5-1
Besiktas – Lokomotiv Moscou 1-1
Skënderbeu Korçë – Sporting Portugal 3-0
Lokomotiv Moscou – Sporting Portugal 2-4
Besiktas – Skënderbeu Korçë 2-0
Skënderbeu Korçë – Lokomotiv Moscou 0-3
Sporting Portugal – Besiktas 3-1

Classement final	Pts	J	G	N	P	Bp	Bc	Diff
1. Lok. Moscou	11	6	3	2	1	12	7	5
2. Sporting Portugal	10	6	3	1	2	14	11	3
3. Besiktas	9	6	2	3	1	7	6	1
4. Skënderbeu Korçë	3	6	1	0	5	4	13	-9

GROUPE I

Fiorentina – FC Bâle 1-2
Lech Poznan – Belenenses 0-0
Belenenses – Fiorentina 0-4
FC Bâle – Lech Poznan 2-0
Fiorentina – Lech Poznan 1-2
FC Bâle – Belenenses 1-2
Lech Poznan – Fiorentina 0-2
Belenenses – FC Bâle 0-2
FC Bâle – Fiorentina 2-2
Belenenses – Lech Poznan 0-0
Lech Poznan – FC Bâle 0-1
Fiorentina – Belenenses 1-0

Classement final	Pts	J	G	N	P	Bp	Bc	Diff
1. FC Bâle	13	6	4	1	1	10	5	5
2. Fiorentina	10	6	3	1	2	11	6	5
3. Lech Poznan	5	6	1	2	3	2	6	-4
4. Belenenses	5	6	1	2	3	2	8	-6

GROUPE J

Anderlecht – **Monaco** 1-1
Tottenham Hotspur – Qarabag Agdam 3-1
Monaco – Tottenham Hotspur 1-1
Qarabag Agdam – Anderlecht 1-0
Anderlecht – Tottenham Hotspur 2-1
Monaco – Qarabag Agdam 1-0
Qarabag Agdam – **Monaco** 1-1
Tottenham Hotspur – Anderlecht 2-1
Qarabag Agdam – Tottenham Hotspur 0-1
Monaco – Anderlecht 0-2
Tottenham Hotspur – **Monaco** 4-1
Anderlecht – Qarabag Agdam 2-1

Classement final	Pts	J	G	N	P	Bp	Bc	Diff
1. Tottenham Hot.	13	6	4	1	1	12	6	6
2. Anderlecht	10	6	3	1	2	8	6	2
3. Monaco	6	6	1	3	2	5	9	-4
4. Qarabag Agdam	4	6	1	1	4	4	8	-4

GROUPE K

APOEL Nicosie – Schalke 04 0-3
Asteras Tripolis – Sparta Prague 1-1
Sparta Prague – APOEL Nicosie 2-0
Schalke 04 – Asteras Tripolis 4-0
Schalke 04 – Sparta Prague 2-2
APOEL Nicosie – Asteras Tripolis 2-1
Sparta Prague – Schalke 04 1-1
Asteras Tripolis – APOEL Nicosie 2-0
Schalke 04 – APOEL Nicosie 1-0
Sparta Prague – Asteras Tripolis 1-0
Asteras Tripolis – Schalke 04 0-4
APOEL Nicosie – Sparta Prague 1-3

Classement final	Pts	J	G	N	P	Bp	Bc	Diff
1. Schalke 04	14	6	4	2	0	15	3	12
2. Sparta Prague	12	6	3	3	0	10	5	5
3. Asteras Tripolis	4	6	1	1	4	4	12	-8
40 APOEL Nicosie	3	6	1	0	5	3	12	-9

GROUPE L

Partizan Belgrade – AZ Alkmaar 3-2
Athletic Bilbao – Augsbourg 3-1
Augsbourg – Partizan Belgrade 1-3
AZ Alkmaar – Athletic Bilbao 2-1
Partizan Belgrade – Athletic Bilbao 0-2
AZ Alkmaar – Augsbourg 0-1
Athletic Bilbao – Partizan Belgrade 5-1
Augsbourg – AZ Alkmaar 4-1
AZ Alkmaar – Partizan Belgrade 1-2
Augsbourg – Athletic Bilbao 2-3
Athletic Bilbao – AZ Alkmaar 2-2
Partizan Belgrade – Augsbourg 1-3

Classement final	Pts	J	G	N	P	Bp	Bc	Diff
1. Athletic Bilbao	13	6	4	1	1	16	8	8
2. Augsbourg	9	6	3	0	3	12	11	1
3. Partizan Belgrade	9	6	3	0	3	10	14	-4
4. AZ Alkmaar	4	6	1	1	4	8	13	-5

Les deux premiers de chaque groupe qualifiés pour les seizièmes de finale.

16es de finale

Sporting Braga – Sion 2-1 et 2-2
FC Bâle – **Saint-Étienne** 3-2 et 2-1
Fenerbahçe – Lokomotiv Moscou 2-0 et 1-1
Liverpool – Augsburg 0-0 et 1-0
Sparta Prague – Krasnodar 1-0 et 3-0
Lazio Rome – Galatasaray 1-1 et 3-1
Bayer Leverkusen – Sporting Portugal 1-0 et 3-1
Valence – Rapid Vienne 6-0 et 4-0
Athletic Bilbao – **Marseille** 1-0 et 1-1
Shakhtar Donetsk – Schalke 04 0-0 et 3-0
Tottenham – Fiorentina 1-1 et 3-0
Borussia Dortmund – FC Porto 2-0 et 1-0
Villarreal – Naples 1-0 et 1-1
FC Séville – Molde 3-0 et 1-0
Manchester United – Midtjylland 1-2 et 5-1
Anderlecht – Olympiakos 1-0 et 2-1 a.p.

8es de finale
Villarreal – Bayer Leverkusen 2-0 et 0-0
Athletic Bilbao – Valence 1-0 et 1-2
Sparta Prague – Lazio Rome 1-1 et 3-0
Borussia Dortmund – Tottenham 3-0 et 2-1
Liverpool – Manchester United 2-0 et 1-1
Sporting Braga – Fenerbahçe 0-1 et 4-1
Shakhtar Donetsk – Anderlecht 3-1 et 1-0
FC Séville – FC Bâle 0-0 et 3-0

Quarts de finale
Shakhtar Donetsk – Sporting Braga 2-1 et 4-0
FC Séville – Athletic Bilbao 2-1 et 1-2 a.p. (5 tab à 4)
Villarreal – Sparta Prague 2-1 et 4-2
Liverpool – Borussia Dortmund 1-1 et 4-3

Demi-finales
FC Séville – Shakhtar Donetsk 2-2 et 3-1
Liverpool – Villarreal 0-1 et 3-0

Finale
Le 18 mai, à Bâle
FC Séville bat Liverpool 3-1 (0-1)
Spectateurs: 34429
Arbitre: Jonas Eriksson (Suède).
Buts: Gameiro (47), Coke (63, 70) pour FC Séville, Sturridge (35) pour Liverpool.
Les équipes
FC Séville: David Soria-Mariano, Rami puis Kolodziejczak (78), Carriço, Escudero-Krychowiak, N'Zonzi-Coke, Banega puis Cristoforo (90), Vitolo, Gameiro puis Iborra (89).
Liverpool: Mignolet-Clyne, Toure puis Benteke (82), Lovren, Moreno-Can, Milner-Lallana puis Allen (73), Firmino puis Origi (69), Coutinho, Sturridge.

LA SAISON DE L'ÉQUIPE DE FRANCE

> Le 4 septembre 2015, à Lisbonne
France bat Portugal 1-0 (0-0)
Spectateurs: 39853
Arbitre: D. Makkelie (Pays-Bas).
But: Valbuena (85).
Les équipes
Portugal: Rui Patricio – Vieirinha puis Soares (61), Pepe, Ricardo Carvalho puis José Fonte (27), Eliseu – João Mario puis Danny (79), Pereira puis Silva (86), A. Silva puis Veloso (60) – Nani, Eder, Cristiano Ronaldo (cap.) puis Quaresma (68).
France: Lloris (cap.) – Sagna, Varane, Koscielny, Evra – Sissoko puis Valbuena (80), Cabaye puis Schneiderlin (46), Matuidi – Pogba – Fekir puis Griezmann (1) puis Giroud (88), Benzema puis Martial (74).

> Le 7 septembre 2015, à Bordeaux
France bat Serbie 2-1 (2-1)
Spectateurs: 31000
Arbitre: A. Soares Dias (Portugal)
Buts: Matuidi (9, 25) pour la France, Mitrovic (39) pour la Serbie.
Les équipes
France: Lloris (cap.) – Sagna puis Debuchy (46), Varane, Mangala, Trémoulinas – Pogba, Schneiderlin, Matuidi puis Kondogbia (46) – Valbuena puis Martial (76), Giroud puis Benzema (62), Griezmann puis Sissoko (90).
Serbie: Rajkovic – Tomovic, Ivanovic (cap.), Spajic puis Kosanovic (90), Obradovic – Gudelj puis Ljajic (55), Fejsa puis Petrovic (82), Matic – Markovic puis Tosic (58), Mitrovic puis Skuletic (76), Tadic puis Kostic (55).

> Le 8 octobre, à Nice
France bat Arménie 4-0 (1-0)
Spectateurs: 32136
Arbitre: M. Vincic (Slovénie).
Buts: Griezmann (35), Cabaye (55), Benzema (78, 79).
Les équipes
France: Lloris - Sagna, Varane, Sakho, Evra – Cabaye puis Sissoko (77), Diarra, Matuidi puis Schneiderlin (63) – Valbuena puis Martial (63), Benzema puis Giroud (81), Griezmann puis Lacazette (88).
Arménie: Kasparov – Hambartsumyan puis Manoyan (70), Andonian, Voskanyan, Hayrapetyan – Hovhannisyan puis Poghosyan (61), Mkrtchyan, Yusbashyan, Ghazaryan puis Aslanyan (67) – Mkhitaryan puis Pizzeli (60), Sarkisov puis Özbiliz (54).

> Le 11 octobre, à Copenhague
France bat Danemark 2-1 (2-0)
Spectateurs: 15000
Arbitre: J. Eriksson (Suède).
Buts: Sviatchenko (90+1) pour le Danemark, Giroud (4, 6) pour la France.
Les équipes
Danemark: Schmeichel – Jacobsen, Kjær puis Sviatchenko (74), Agger puis Vestergaard (86), Durmisi – Kvist, J. Poulsen puis Højbjerg (46), Krohn-Dehli puis Jørgensen (56) – Braithwaite puis Sisto (69), Bendtner, Eriksen puis Poulsen (61).
France: Mandanda – Jallet, Varane puis Zouma (46), Mangala, Digne – Sissoko, Schneiderlin, Matuidi – Griezmann puis Valbuena (78), Giroud puis Lacazette (73), Martial puis Cabaye (88).

> Le 13 novembre, au Stade de France
France bat Allemagne 2-0 (1-0)
Spectateurs: 80000
Arbitre: A. Mateu Lahoz (Espagne).
Buts: Giroud (45+2), Gignac (87).
Les équipes
France: Lloris (cap.) – Sagna, Varane, Koscielny, Evra – Pogba, L. Diarra puis Schneiderlin (80), Matuidi puis Cabaye (87) – Griezmann puis Ben Arfa (80), Giroud puis Gignac (69), Martial puis Coman (69).
Allemagne: Neuer – Rüdiger, Boateng puis Mustafi (46), Hummels, Hector puis Can (34) – Ginter puis Volland (79), Schweinsteiger (cap.), Khedira puis Gündogan (61) – Müller, Gomez, Draxler puis Sané (61).

> Le 17 novembre, à Wembley
Angleterre bat France 2-0 (1-0)
Spectateurs: 71223
Arbitre: M. Eriksson (Suède).
Buts: Alli (39), Rooney (48).
Les équipes
Angleterre: Hart (cap.) puis Butland (46) – Clyne, Cahill, Stones, Gibbs – Alli puis Jones (88), Dier – Barkley puis Shelvey (80), Rooney, Sterling puis Lallana (68) – Kane puis Bertrand (80).
France: Lloris (cap.) – Sagna, Varane, Koscielny, Digne – Schneiderlin puis Sissoko (83), Cabaye puis L. Diarra (57), Matuidi puis Pogba (46) – Ben Arfa puis Coman (46), Gignac puis Giroud (57), Martial puis Griezmann (67).

> Le 25 mars, à Amsterdam
France bat Pays-Bas 3-2 (2-0)
Spectateurs: 51000
Arbitre: M. Zwayer (Allemagne).
Buts: De Jong (47), Afellay (86) pour les Pays-Bas, Griezmann (6), Giroud (13), Matuidi (88) pour la France.
Les équipes
Pays-Bas: Cillessen – Veltman, Bruma, Van Dijk puis Afellay (46), Blind, Willems puis van Aanholt (78) – Clasie puis Depay (46), Klaassen puis Wijnaldum (76), Sneijder (cap.) puis Bazoer (37) – De Jong puis Janssen (82), Promes.
France: Mandanda – Jallet, Varane, Koscielny, Evra puis Digne (46) – Pogba puis Sissoko (87), Diarra puis Kanté (46), Matuidi (cap.) – Griezmann puis Martial (46), Giroud puis Gignac (73), Payet.

> Le 29 mars, au Stade de France
France bat Russie 4-2 (2-0)
Spectateurs: 65000
Arbitre: M. Thomson (Écosse).
Buts: Kanté (8), Gignac (38), Payet (64), Coman (76) pour la France, Kokorin (56), Zhirkov (68) pour la Russie.
Les équipes
France: Lloris (cap.) – Sagna, Varane, Sakho, Evra puis Mathieu (46), puis Digne (54) – Pogba puis Sissoko (69), Diarra, Kanté – Griezmann puis Payet (62), Gignac puis Giroud (79), Martial puis Coman (46).
Russie: Akinfeev puis Lodygin (46) – Kuzmin, V. Berezutsky, A. Berezutsky, Zhirkov puis Smolnikov (69) – Shirokov puis Mamaev (69), Golovin puis Glushakov (79) – Dzagoev, Shatov puis Samedov (88) – Kokorin puis Smolov (80), Dzyuba.

> Le 30 mai, à Nantes
France bat Cameroun 3-2 (2-1)
Spectateurs: 38000
Arbitre: L. Evans (pays de Galles).
Buts: Matuidi (20), Giroud (41), Payet (90) pour la France, Aboubakar (22), Choupo Moting (88) pour le Cameroun.
Les équipes
France: Lloris (cap.) – Sagna, Rami, Koscielny, Evra – Pogba puis Sissoko (65), L. Diarra puis Ngolo Kanté (46), Matuidi – Coman puis Cabaye (76), Giroud puis Gignac (65), Payet.
Cameroun: Ondoa – Nyom, Chedjou puis Djetei (80), Teikeu, Oyongo – Salli puis Choupo Moting (46), Eyong puis Siani (46), Zoua, Mandjeck puis Njie (70), Toko Ekambi puis Kom (76) – Aboubakar (cap.) puis Abang (70).

> Le 4 juin, à Metz
France bat Écosse 3-0 (3-0)
Spectateurs: 25000
Arbitre: S. Delferiere (Belgique).
Buts: (8, 35), Koscielny (40)
Les équipes
France: Lloris (cap.) – Sagna, Rami, Koscielny, Evra puis Digne (83) – Pogba, Kanté puis Sissoko (88), Matuidi puis Cabaye (69) – Payet puis Martial (46), Giroud puis Gignac (63), Coman puis Griezmann (46).
Écosse: Marshall – Martin, Greer, Hanley, Robertson puis Mulgrew (46) – Ritchie, D. Fletcher (cap.), Snodgrass puis Kingsley (66), J. McArthur puis McKay (84), Maloney puis Anya (46) – S. Fletcher puis Naismith (58).

EURO 2016

GROUPE A
France – Roumanie 2-1
Albanie – Suisse 0-1
Roumanie – Suisse 1-1
France – Albanie 2-0
Roumanie – Albanie 0-1
Suisse – **France** 0-0

Équipe	Pts	J.	G.	N.	P.	Bp	Bc	Diff.
1. France	7	3	2	1	0	4	1	+3
2. Suisse	5	3	1	2	0	2	1	+1
3. Albanie	3	3	1	0	2	1	3	-2
4. Roumanie	1	3	0	1	2	2	4	-2

> Le 10 juin, au Stade de France
France bat Roumanie 2-1 (0-0)
Spectateurs: 80000
Arbitre: V. Kassai (Hongrie).
Buts: Giroud (57), Payet (89) pour la France, Stancu (65 s.p.) pour la Roumanie.
Les équipes
France: Lloris (cap.) – Sagna, Rami, Koscielny, Evra – Pogba puis Martial (77), N'Golo Kanté, Matuidi – Griezmann puis Coman (66), Giroud, Payet puis Sissoko (90+2).
Roumanie: Tatarusanu – Sapunaru, Chiriches (cap.), Grigore, Rat – Popa puis Torje (82), Pintilii, Stanciu puis Chipciu (72), Hoban, Stancu – Andone puis Alibec (61).

> Le 15 juin, à Marseille
France bat Albanie 2-0 (0-0)
Spectateurs: 63675
Arbitre: W. Collum (Écosse).
Buts: Griezmann (90), Payet (90+5).
Les équipes
France: Lloris (cap.) – Sagna, Rami, Koscielny, Evra – Coman puis Griezmann (68), N'Golo Kanté, Payet, Matuidi, Martial puis Pogba (46) - Giroud puis Gignac (77).
Albanie: Berisha – Hysaj, Ajeti puis Veseli (85), Mavraj, Agolli (cap.) – Abrashi, Kukeli puis T. Xhaka (74), Memushaj – Lila puis Roshi (71), Sadiku, Lenjani.

> Le 19 juin, à Villeneuve-d'Ascq
Suisse et France 0-0
Spectateurs: 45616
Arbitre: D. Skomina (Slovénie).
Les équipes
Suisse: Sommer – Lichtsteiner (cap.), Schär, Djourou, Rodriguez – Shaqiri puis Gelson (79), Behrami, Dzemaili, Xhaka, Mehmedi puis Lang (86) – Embolo puis Seferovic (74).
France: Lloris (cap.) – Sagna, Rami, Koscielny, – Sissoko, Cabaye, Pogba – Griezmann puis Matuidi (77), Gignac, Coman puis Payet (63).

GROUPE B
Pays de Galles – Slovaquie 2-1
Angleterre – Russie 1-1
Russie – Slovaquie 1-2
Angleterre – Pays de Galles 2-1
Russie – Pays de Galles 0-3
Slovaquie – Angleterre 0-0

Équipe	Pts	J.	G.	N.	P.	Bp	Bc	Diff.
1. Galles	6	3	2	0	1	6	3	+3
2. Angleterre	5	3	1	2	0	3	2	+1
3. Slovaquie	4	3	1	1	1	3	3	0
4. Russie	1	3	0	1	2	2	6	-4

GROUPE C
Pologne – Irlande du Nord 1-0
Allemagne – Ukraine 2-0
Ukraine – Irlande du Nord 0-2
Allemagne – Pologne 0-0
Ukraine – Pologne 0-1
Irlande du Nord – Allemagne 0-1

> Résultats

Équipe	Pts	J.	G.	N.	P.	Bp	Bc	Diff.
1. Allemagne	7	3	2	1	0	3	0	+3
2. Pologne	7	3	2	1	0	2	0	+2
3. Irlande du Nord	3	3	1	0	2	2	2	0
4. Ukraine	0	3	0	0	3	0	5	-5

GROUPE D

Turquie – Croatie 0-1
Espagne – République tchèque 1-0
République tchèque – Croatie 2-2
Espagne – Turquie 3-0
République tchèque – Turquie 0-2
Croatie 2 – Espagne 2-1

Équipe	Pts	J.	G.	N.	P.	Bp	Bc	Diff.
1. Croatie	7	3	2	1	0	5	3	+2
2. Espagne	6	3	2	0	1	5	2	+3
3. Turquie	3	3	1	0	2	2	4	-2
4. République tchèque	1	3	0	1	2	2	5	-3

GROUPE E

Irlande – Suède 1-1
Belgique – Italie 0-2
Italie – Suède 1-0
Belgique – Irlande 3-0
Italie – Irlande 0-1
Suède – Belgique 0-1

Équipe	Pts	J.	G.	N.	P.	Bp	Bc	Diff.
1. Italie	6	3	2	0	1	3	1	+2
2. Belgique	6	3	2	0	1	4	2	+2
3. Irlande	4	3	1	1	1	2	4	-2
4. Suède	1	3	0	1	2	1	3	-2

GROUPE F

Autriche – Hongrie 0-2
Portugal – Islande 1-1
Islande – Hongrie 1-1
Portugal – Autriche 0-0
Islande – Autriche 2-1
Hongrie – Portugal 3-3

Équipe	Pts	J.	G.	N.	P.	Bp	Bc	Diff.
1. Hongrie	5	3	1	2	0	6	4	+2
2. Islande	5	3	1	2	0	4	3	+1
3. Portugal	3	3	0	3	0	4	4	0
4. Autriche	1	3	0	1	2	1	4	-3

8es de finale

Suisse – Portugal 1-1 a.p. (4 t.a.b. à 5)
Pays de Galles – Irlande du Nord 1-0
Croatie – Portugal 0-1
France – Eire 2-1
Allemagne – Slovaquie 3-0
Hongrie – Belgique 0-4

> Le 26 juin, à Lyon

France bat Eire 2-1 (0-1)

Spectateurs : 56 279
Arbitre : N. Rizzoli (Italie).
Buts : Griezmann (57, 61) pour la France ; Brady (2 s.p.) pour l'Eire.
Exclusion : Duffy (66) pour l'Eire.

Les équipes

France : Lloris (cap.) – Sagna, Rami, Koscielny, Evra – Matuidi, N'Golo Kanté puis Coman (46), puis Sissoko (90+3), Pogba – Griezmann, Giroud puis Gignac (73), Payet.
Eire : Randolph – Coleman (cap.), Duffy, Keogh, Ward – Brady, Hendrick, J. McCarthy puis Hoolahan (71), McClean puis O'Shea (69) – Long, Murphy puis Walters (65).

Quarts de finale

Pologne – Portugal 1-1 a.p. (3 t.a.b. à 5)
Pays de Galles – Belgique 3-1
Allemagne – Italie 1-1 a.p. (6 t.a.b. à 5)
France – Islande 5-2

> Le 3 juillet, au Stade de France

France bat Islande 5-2 (4-0)

Spectateurs : 76 833
Arbitre : B. Kuipers (Pays-Bas).
Buts : Giroud (12, 59), Pogba (19), Payet (43), Griezmann (45) pour la France ; Sigthorsson (56), Bjarnason (84) pour l'Islande.

Les équipes

France : Lloris (cap.) – Sagna, Koscielny puis Mangala (72), Umtiti, Evra – Pogba, Matuidi – Sissoko, Griezmann, Payet puis Coman (80) – Giroud puis Gignac (60).
Islande : Halldorsson – Saevarsson, Arnason puis Ingason (46), R. Sigurdsson, Skulason – Johann Gudmundsson, Gunnarsson (cap.), Sigurdsson, Bjarnason – Sigthorsson puis Gudjohnsen (83), Bodvarsson puis Finnbogason (46).

Demi-finales

Portugal – Pays de Galles 2-0
Allemagne – **France** 0-2

> Le 7 juillet, à Marseille

France bat Allemagne 2-0 (1-0)

Spectateurs : 64 078
Arbitre : N. Rizzoli (Italie).
Buts : Griezmann (45+2 s.p., 72).

Les équipes

Allemagne : Neuer – Kimmich, Boateng puis Mustafi (61), Höwedes, Hector – Can puis Götze (67), Schweinsteiger (cap.) puis Sané (79), Kroos – Özil, Müller, Draxler.
France : Lloris (cap.) – Sagna, Koscielny, Umtiti, Evra – Pogban Matuidi – Sissoko, Griezmann puis Cabaye (90+2), Payet puis Ngolo Kanté (71) – Giroud puis Gignac (78).

Finale

Le 10 juillet, au Stade de France

Portugal bat France 1-0 a.p. (0-0)

Spectateurs : 75 868
Arbitre : M. Clattenburg (Angleterre).
But : Eder (110).

Les équipes

Portugal : Rui Patricio – Cédric Soares, Pepe, José Fonte, Guerreiro – Sanches puis Eder (79), Carvalho, Adrien Silva puis Moutinho (66) – João Mario – Nani, Cristiano Ronaldo (cap) puis Quaresma (25).
France : Lloris (cap.) – Sagna, Koscielny, Umtiti, Evra – Sissoko puis Martial (110), Pogba, Griezmann, Matuidi, Payet puis Coman (58) – Giroud puis Gignac (78).